进步的密码

透过历史的车轮解读
社会经济学的内核

郑南雁 著

图书在版编目(CIP)数据

进步的密码:透过历史的车轮解读社会经济学的内核 / 郑南雁著. -- 上海:上海财经大学出版社, 2024.
8. -- ISBN 978-7-5642-4425-5

Ⅰ. F069.9

中国国家版本馆 CIP 数据核字第 20246AZ704 号

□ 责任编辑　朱晓凤
□ 封面设计　贺加贝

进步的密码

透过历史的车轮解读社会经济学的内核

郑南雁　著

上海财经大学出版社出版发行
(上海市中山北一路 369 号　邮编 200083)
网　　址:http://www.sufep.com
电子邮箱:webmaster@sufep.com
全国新华书店经销
上海颛辉印刷厂有限公司印刷装订
2024 年 8 月第 1 版　2024 年 8 月第 1 次印刷

890mm×1240mm　1/32　8.375 印张(插页:2)　159 千字
定价:75.00 元

作者简介

郑南雁　德胧集团董事长兼首席执行官，鸥翎投资（Ocean Link）创始合伙人、董事。

毕业于中山大学计算机系，中山大学岭南学院工商管理硕士，新加坡管理大学-长江商学院工商管理博士。

2005年，创建7天连锁酒店。2009年，7天连锁酒店成为第一家在纽交所上市的中国酒店集团。

2013年，联合投资机构凯雷投资集团和红杉资本中国基金，创办国内多品牌酒店集团"铂涛酒店集团"。

2020年，创立百达屋生活方式实验室，并通过私有化开元酒店集团的方式，重组成立德胧集团。

先后荣获"中国酒店业最佳创新人物""赢在未来·商界领军人物""中国饭店业十大影响力人物""改革开放中国酒店四十年四十人"等荣誉称号，是唯一在《时代周报》和中国市场学会共同举办的"首届营销盛典"中荣获"十大时代营销人物"称号的酒店业人士。在美国著名商业杂志《快速公司》中文版刊发的其在中国地区的第一个创意人物榜单之中当选为"中国商业最具创意人物"，并荣获"中国酒店业杰出企业家奖"。荣获"2009年度广东商业风云人物""2011粤商菁英年度人物提名奖""2012年度中国酒店行业领袖人物"等荣誉称号。

作者自序

2000年,我有幸在中国大陆的第一波互联网创业高潮兴起时加入了携程旅行网(以下简称"携程网")。当时携程网的联合创始人兼董事长沈南鹏,几年后和硅谷著名的红杉资本合作,创立了执中国投资界牛耳的红杉资本中国基金,并在过去的十五年里投资扶持了中国许多的创业公司。这些公司很多成了中国各行各业里让众人耳熟能详的领头羊。当年携程网的联合创始人兼首席执行官叫梁建章,在这位公认的"IT神童"的带领下,携程网从单一的互联网订房公司发展成为全国著名的旅行服务集团,如今已全球知名。中国人的全球旅行,基本上离不开携程旅行网遍布全球的服务。携程网的另一位联合创始人季琦先生,2004年创立了华住酒店集团。在他们的影响和带动下,我于2004年底从携程旅行网市场营销副总裁的职位上离职并开始创业。2005年,我创立了7天连锁酒店。2009年,7天连锁酒店在纽约证券交易所(以下简称"纽交所")上市,成为在纽交所上市的第一家中国酒店集团。2013年,我联合凯雷投资集团和红杉资本组建综合性的铂涛酒店集团,将7天连锁酒店从纽交所私有化。铂涛酒店集团于2019年完全并入锦江酒店集团,锦江酒店集团遂成了全球客房规模第二大的酒店集团。

改革开放四十多年,中国经济从1978年开始,经过二十多年的艰难调整,于2001年加入WTO后驶入快车道,如今一跃成为全球第二大经济体,其间几乎每天都上演着各式各样经济改革的奇迹。两千多年来,中华文明一直以儒家思想为主导,轻视商业,轻视经济,但是这四十多年的经济腾飞,改变了社会的状态和许多人的价值认知。

我大学本科学的是计算机软件专业,作为一个"非典型"的理科生,我一直对历史知识尤为喜爱。我人生的黄金20年,在亲历中国经济奇迹之后,常常会复盘、总结和反思。

我们每个人都处在时代的滚滚洪流之中,随着时代一起前进。但今天这个科技互联网世界,颠覆了我们过去很多的生活方式。到底是什么动力,让中国的社会和经济取得如此巨大的进步呢?

2019年,我开始着手厘清思绪,将这些零碎的片段化信息进行归纳与梳理,并进行了一定的推演梳理后,下笔成文。

纵观五千年、放眼海内外,个体的成就在历史长河里更多属于随机事件,而群体的进步则必然有规律可循,这种规律可以理解为"运势"。

我所书写的《进步的密码》一书，就是我个人对这个"运势"规则的思考与呈现。

人类百万年的历史，有文字记载的不过区区几千年。在有记载的几千年文明发展史里，东西方文明发展的进程中有诸多巧合。比如在两地毫无往来的两三千年前，西方古罗马辉煌之际，亦是东方春秋战国鼎盛之期；西方罗马帝国分崩离析之时，亦是东方华夏步入南北对立之日。比如仅仅相差十四岁，几乎可以称作"同龄人"的孔子与释迦牟尼，一个创立了中国文化的核心价值体系——儒学，一个创立了世界三大宗教之一——佛教。纵览历史，会发现文明载体的生命周期存在许许多多的偶然性。比如璀璨玛雅文化的突然消失，比如强盛的隋朝几乎没有过渡的坍塌。学者们投身于研究巧合背后的原因，希望能总结出偶然背后的必然规律，以解释人类文明是何等的脆弱，以及如何在脆弱的文明微光之中顽强地进化。古罗马著名哲学家和政治家西塞罗曾在他的传世名作《论共和国》和《论法律》中阐述了国家出现的根源和意义。西塞罗认为：国家存在的基础是正义，一旦偏离了正义，国家将走向灭亡。强调道德之于社会发展的不可替代性，贯穿着西塞罗的整个思想体系。

我既不是哲学家也不是人类学家，但是我被西塞罗对人类组织体系及发展、延续规律的积极、单纯的探索与思考深深地打动。两千多年的文明消长，我们已经能从王朝的兴衰之中理解道德在国家建设中的刚性意义,也明白道德不是江山社稷的护身符,否则我们很难解释秦始皇为何会靠着那利用人性弱点的变革来一统天下,也很难解释元顺帝为何会丧国亡身。同样地,客观因素如时间优势、地理优势和资源优势,也不是一个文明、一个国家能够持续领先和生存的根本原因。既然客观条件和主观道德层面,都不是绝对因素,那究竟是什么决定了一个文明、一个国家能够持续发展、不断进步呢?

在试图回答这个问题之前,我想先提一提三个广为人知的事实。

第一个事实——"二战"后,美国、日本和所有欧洲发达国家(不算地处亚洲的欧盟国家塞浦路斯)本土再未发生过战争或政变。

第二个事实——从 1894 年至 2023 年,美国这个年轻的国家,GDP 已持续领先世界各国 130 年,人均 GDP 也是长期居于世界大国首位。

第三个事实——从汉代开始(更早的时期已难以从数据上考证),中国与古罗马遥相呼应、国力称霸东西;唐宋时期,中国人均 GDP 远超欧洲、处于世界领先水平;但自 14 世纪初开始,中国开始慢慢落后于英国、德国等主要欧洲国家。

带着对这三个事实的反思,我在历史之中寻找答案。下面一个小故事给了我启发。

《列子·汤问》里讲述了这样一件事:两个小孩拦住孔子,向他请教问题。一个小孩说，早上的太阳宏大，中午的太阳则小上许多，按照近大远小的原理，应该是早上的太阳离我们近。另一个小孩说，早上的天气多少有些寒冷，中午却温暖起来，好比一盆热水，离它越远越不受影响啊。孔子一时语塞，不知道如何回答。

孔子虽然不懂科学道理，但是他仍然在努力探索这些问题。我相信，这些人类文明发展的规律，也曾经有无数人探讨过，以后还会有很多人探讨。

和学者们不同，我是一名企业经营者，职业决定了我的思维方式是结果导向的。我想要找到类似密码的、能让我豁然开朗的规律，提纲挈领地将这些规律变成一个可以参照、可以让更多人理解的模型概念。

因此，我在《进步的密码》一书中直接引入经济学的交易概念，从交易的角度来看历史之中的文明演进，这样文明便会显示出另一幅面貌来：说到底，所有文明，都有"买家"和"卖家"，都是一种可以流动的资源，交易系统的演变推动了资源的优化配置、推动了社会不断向前发展，交易系统的进化则决定了一个文明或国家的领先地位。

在中国秦朝以前的血统分封年代，贵族的谱系更像是一棵大树，每生出一个新的枝丫，都必须想办法安置它。贵族们一出生，就拥有封地、军队，以及在自己的封地上收取税赋之权。等到打仗的时候，也是他们从库房里拿出粮草、带着手下奔赴战场。百姓和贵族,是两套没有互联交通的运转体系。在百姓看来,战争啊,天下啊,都是贵族们才需要考虑的事。如果将天下比作一个商场,那么,百姓只是街道上的"行人"。"行人们"纵使偶尔看一眼橱窗,也知道里面的东西跟自己无关,橱窗只是陈列贵族自己的商品,不做交易。如果对这种社会形态下一个定义的话,就是没有交易的"无买家社会"。

当时秦国地方偏远、人口不多,虽然秦孝公有称霸天下的志向,但是,拔剑四顾,自己的国家好像真没什么拿得出手的。恰在这时,一个人来到了秦国,说了一番话,做了一番事。来者,叫作公孙鞅;他说的那番话,核心意思非常简单,即"要想强大,必须变法"。商鞅变法的内容非常多,总结起来,其实只说了一件事,"学得文武艺,货与帝王家"。商鞅变法打开了这个通道,促进了"静止的贵族社会"向"一买家社会"转变。于是,忽然之间,秦国的民众可以通过战争获取金钱,甚至是爵位。这就好比一个行人,冷不丁发现那些自己手上的东西,只要老板喜欢,就可以卖个好价钱,焉有不动心的道理?商鞅变法,打破了以血统为价值基础的社会利益分配机制,将之从"无买家社会"推向了以能力为价值基础、皇权为最终裁判的"一买家社会"。

一买家社会,说白了是要寻求君王的赏赐,是一种对存量的分配。随着君王手里的东西越来越少,百姓们的干劲儿自然越来越低。

新的利益分配机制创造了竞争和流动的环境,极大地释放了各阶层民众的能量,使秦国得以迅速崛起,秦始皇进而一统天下。建立在秦始皇创造的新型社会结构基础之上,汉武帝通过推行儒术统一思想,全面奠定了华夏大地延续了两千余年的政治体制。与此同时,西方的古罗马,新当选的执政官马略为了提升国力,开始推行打破世袭贵族阶层的改革,亦使古罗马从"无买家社会"进入了皇权一统的"一买家社会",支撑了古罗马的持续扩张以及文明走向极盛。可惜的是,古罗马未能像汉朝一般建立统一的思想体系,在随后的军阀混战中退回了"无买家社会"——近千年黑暗、落后的中世纪。"一买家社会"将天下都放到君王手掌之中,君王可以根据民众的能力进行赏赐。

君子之泽,五世而斩。中国的各个专制王朝,都采取"一买家制度",但都逃不过兴衰之循环,难道是没有原因的吗?

而西方中世纪后半期多次的十字军东征,欧洲与遥远的国家开始建立贸易关系,贸易关系壮大了市民阶层,促进了"人民的觉醒"。文艺复兴三张"骨牌",分别是哥伦布大航海、全球贸易之王荷兰共和国的诞生、英国《自由大宪章》对法治思想的确立。哥伦布大航海基于平民可贵的勇气,打破了本国的血统分利机制,通过开疆拓土和发展贸易打开了基于契约精神的"多买家"的大门。脱离西班牙而成立的荷兰共和国,成为全世界第一个赋予商人阶层充分政治权利的国家,开启了欧洲社会新的篇章——平等平权和结果制胜。英国《自由大宪章》的签署,初步确立了法治与自由的基本原则,将"多买家"这一底层分配机制固化了下来。文艺复兴使当时的欧洲人重新拥有了发现美好的信念和努力进取的勇气,使得人们更珍视自身价值。"人生而平等"这一朴素观念逐步深入人心,逐渐引发了深刻的社会变革,欧洲的经济实力和文化发展自此开始超越东方停留在"一买家"阶段的中国。明朝的万历皇帝去世那一年,一艘小船在地球的另一面扬帆起航,乘客们的目的地是美洲新大陆。他们在普利茅斯登陆,建立了殖民地,签署了《五月花号公约》。《五月花号公约》将政府视作协调者、仲裁者,而不是市场上的买家;相应地,每一位民众都可以通过自己的努力,获取财富、名望,甚至上升到决策层。由此,民众的身份再次变化,既不需要担心自己买不起东西,也不必指望谁的赏赐。谁行谁上,一切都是结果说了算,这便是典型的"多买家社会"。

"多买家社会"让资源流通越来越快,让人与人之间的联系越来越紧密,对人的积极性的调动更强、组织形式更灵活,创造效率也更高,因此,最早实施"多买家社会"的美国不断发展,不仅疆域大大增加,也成为现在的经济、科技、文化等多位一体的超级大国。

随后,日本、印度、新加坡都开始学习"多买家社会"的模式,极大地提升了国力,纷纷走上了经济腾飞之路。

前文提到的三个事实,答案都是源自这些国家实施了社会变革,造就了一个青出于蓝而胜于蓝的"多买家社会"。近年来,战争、政变这些破坏性因素逐渐减少,人和人之间的合作越来越多,这意味着多买家社会具备自我修复和良性迭代的能力,且相比于"无买家社会"和"一买家社会","多买家社会"是趋于长期稳定的。

  作为一名企业的经营管理者,我很自然地会联想到"无买家""一买家"和"多买家"交易系统在企业管理里的映射。巴纳德说:"领导者的业绩不在于个人有多能干,而在于能否把全体成员积极性调动起来。"

  这几年,全球经济受越来越复杂的环境影响,开始分裂、多元,走向新局面和新态势。在风险和机遇并存的时代里,每个励志更进一步的企业家、科学家、学者们或多或少地都思考过人类社会的去向问题:如果有一天,我们对利益的追求超出了地球的承载限度,该怎么办呢?人工智能、航空探索,会带来新的机遇吗?

  我相信,只要勤于思考、善于学习、真抓实干,人类凭借自己的求知精神和探索勇气,在未来的某天,一定能手辟鸿蒙,找到更适合我们这个社会发展的模型和道路。

  仰望星空,畅想未来,我们的征途是星辰大海。

郑南雁
2024 年 7 月 9 日

推荐序 1

穿透历史迷雾,演绎发展动因

接到南雁邀请,让我为他这本《进步的密码》书写一个序言。在阅读内容前,我不禁有些好奇,毕竟我与南雁相识多年,也和他在携程旅行网共事多年,对他颇有了解,但确实没有预想过,像他这样一位 IT 专业出身的企业家,会想到去写一部关于人类历史之中社会演变发展的著作。当我拿到此书的手稿,认真阅读后,对南雁写此书的立意与初衷,终于有了些微的认识和了解,对南雁针对商业发展思考的归纳以及南雁对企业发展、经济进步的拳拳赤子之心,也有了充分感受与体悟。

因为曾和伙伴们一起创立了携程网,在携程网成功上市后,我卸任了携程 CEO 之位,前往美国斯坦福大学攻读经济学博士和博士后,其间重点关注和研究社会发展中的人口问题和企业创新问题,结合各国的经验和中国发展的特点,论证中国人口发展政策与经济之间的关系。完成学业回国后,我重新掌管携程网的业务,并担任北京大学的教授。在带领企业发展的实践过程之中,我一直致力于研究人口和经济发展之间的关系,并呼吁国家放开生育政策,以促进中国经济后续动力。同时还发表了几本普及我的研究内容的通俗著作,分别是《人口创新力》《中国人太多了吗?》《超低生育时代:人口经济学15讲》,以及通过寓言故事,揭示了人类永生与可持续发展方面的很多值得深思的问题的寓言小说《永生之后》。这几本著作和小说,都是以探讨和研究人类社会发展,以及如何推动社会创新和社会进步为主题的。

因此,在阅读完南雁的《进步的密码》后,我很欣慰,因为南雁也在思考和我同样的问题:刺激经济发展的动因与资源分配体系的模型问题。南雁作为企业经营者,和学者们最大的不同点在于,他可以单刀直入地引入经济学的交易概念,从交易的角度来审视历史之中文明演进背后的动因。他在本书之中建立了一个"无买家""一买家""多买家"分配模型和运作系统,并通过这样三个简单的概念,把我们经常讨论的社会进步,用抽象且简约的图样方式来呈现,让人能够认识到经济背后的原理。

从这本书中可以得见,人类社会,由周王朝的"血统至尊"到秦国"商鞅变法"之后,秦国实力大增,终于为其"横扫六合、一统天下"奠定了基础。此前的周王朝,按照血统分配社会资源的"无买家社会"虽然稳定,但无发展的活力,在社会分崩离析之际,完全无法激活民众参与社会变革和发展活动的积极性。当战国七雄并立之际,是秦国率先踏出了一步,以"一买家社会"的新型组织形态和资源分配模式,激活了秦国民众的积极性,为秦国统一六国奠定了各项基础。

随后,"一买家社会"为古老的东方社会带来了持续数千年的文明。在这段文明发展延续的过程之中,虽然"一买家社会"在儒家理论支撑下,进行形态不断受到挑战,但随着商业社会的萌芽和发展,人们又开始呼吁新的资源分配模式和社会组织形态,"多买家社会"在这样的前提下,终于应运而生。

岁月不居,时节如流。人类从曾经的"无买家"社会走到现在的"多买家"社会,我们的生产能力、人口已经比之前增加了几万倍,而我们的生活方式,也发生了翻天覆地的变化。

多买家自由买卖系统,彻底打破了社会资源的垄断。社会资源的流动,对合理分配、激发创造力、增加社会财富有着重要意义。而保障社会经济持续向良性状态发展,需要契约精神和法治精神。书中详细列举了文艺复兴、大宪章、发现新大陆这些事件对多买家体系形成所产生的巨大作用,以及美国立国建立多买家自由买卖的社会的过程,由此我们可以看出,契约精神和法治精神是人类目前较为先进的多买家社会能够有效运行的核心支柱。

中国20世纪80年代改革开放,邓小平同志强调社会主义法制;今时今日,习近平总书记强调坚持依法治国。因此,中国经济在改革开放下的多买家社会变革能够取得成功,使得中国社会飞速进步,快速富裕。

回顾过去,我们能更加清晰地看到:买家和卖家,都是一种可以流动的资源,交易系统的演变推动了资源的优化配置,推动了社会不断向前发展。而交易系统的进化对一个文明或国家占据领先地位具有重要作用。并且,南雁还通过他的文字让我们认识到,社会进步还必须依靠着人的创造力,而人的创造力,须得由资源分配系统来调动和资源分配模式来激活。

但是,我们今日虽然生活在一个物质和工具都格外丰富的世界,但如何建立更完备的社会形态,如何努力探索更好的合作方式和更完善的激励模型,仍然是我们当下面临的重要问题。

我想,过去应该不止一个人曾思考过历史发展演进之中的某些关键节点,想要从这个动态变化的过程之中,找到可供我们参考、模仿、学习的关键因素。

或许是因为这个问题太深太广,或许是因为探索这个问题的前置信息太过复杂,我一直没有在市面上找到能从历史事件的变迁之中、人类历史发展过程之中解读社会资源分配形态变化模型的书籍,更别提从历史大事件之中分析社会形态的模型变化,以及这些模型变化如何调动人性,调动人类参与发展积极性的书籍了。

因此,当我读完这本《进步的密码》时,令我感到非常高兴的是,在南雁创作的这本书中,终于针对上述问题,给出了他自己的答案。他不但总结提炼了社会形态发展的关键词,还用详细、生动的案例演绎了几次社会分配形态带来的社会发展的变化实况。除了总结人类社会变化的模型外,他还提出"买家数量决定交易繁荣程度,而社会进步动力变化依靠买家数量的增加",他通过论述,不仅让我们可以清晰地看到不同激励机制给社会进步带来的动力程度,还可以让我们看到,正是增量上合理分配的多买家制度带来了创新力的爆发,才使社会财富快速增长。

南雁正是从卷帙浩繁的历史资料之中,找到了推动人类社会螺旋式前进的关键密码。

不仅如此,他还在书中,用日本、印度、新加坡、中国4个国家的生动案例向每一个读者展示在勇于革新、开放发展的"多买家社会"里,经济发展如何被社会的组织形态和分配模式激活,人们是如何在这种激励下燃起斗志、接连创造财富奇迹的。

找到社会发展的动态规律,解码人类社会的终极奥义,是每一代先贤圣哲的目标,也是每一个前行者和先驱者们身体力行之事。

南雁也是这样一个身体力行者。多载钻研,辛勤创作,终于写成了这本《进步的密码》。古人云,治大国如烹小鲜,从帝王之术、社会规律之中寻求能指导我们经营、发展的指导方法,是真正意义上的"降维打击"。

我相信,每个经营管理者,每个善于思考的人,当你们翻开这本书时,一定能从这本书那些生动翔实的案例中感知到阅读的趣味,从其中述说的社会发展史中升腾起对那些变革先行者的敬意,也能从作者深入浅出的说理思考中,得到属于自己的感触和启发。

梁建章
2024 年 7 月

推荐序 2

从《进步的密码》看如何进步

南雁是长江商学院的 DBA 学员,作为他的博士论文导师,我有幸在课堂内外对他有一些了解。知道他是携程网的元老之一,后来辞职创业,打造了 7 天连锁酒店,成为第一个在美国上市的中国酒店集团。后来他又连续创业,探索新的商业机会。与此同时,他还是足球爱好者,他的博士论文研究的就是中国足球的青训体系。然而,这些认知都较为零散,也相对表面。直到南雁发给我他写的这本书,读下来,才让我觉得对他这个人,对他的思想,有了系统的了解,让我可以更好地串联起来之前的星星点点,也给我带来很多启发,到底是什么在推动人类的进步?我,我们,该怎么做,才能持续进步?

作为企业家,南雁从经济学的视角,用交易的概念来解释人类的演进。简单而言,就是人类社会如何随着交易变得越来越具有流动性,从而得到发展。从"无买家社会"(即所有的财富、资源，由君王、贵族统一分配），到之后的"一买家社会"（即老百姓可以通过努力，从君王、贵族手中获得赏赐），到再之后的，也是目前世界上最普遍的"多买家社会"（即政府不再是市场上唯一的买家，每个人可以通过自身的努力，获取财富、地位等）。从"无买家"到"一买家"再到"多买家"，从本质上来讲，有效地调动了人的内在动力，让每个个体有更大的意愿去努力工作，促进了协同效应，提高了效率，进而推动了经济的发展、国家的强大，以及人类文明的进步。这无疑是一个独特的观察视角，也很巧妙地用一个简单的经济学概念帮我们解释了人类经济文明进化背后的逻辑，读后很受启发。

但在书中的最后，南雁也提到全球经济的高速发展，对于经济利益的过度追求，也带来了一系列的问题，比如贫富差距的加大、环境的恶化、社会的分裂等。那下一步人类进步的密码又在哪里？除了通过交易体系的完善调动每个人的积极性，是否还应该关注其他因素？

在这本书中，南雁提到古罗马哲学家和政治家西塞罗的观点，他强调国家存在的基础是正义，一旦偏离了正义，国家将走向灭亡。稻盛和夫说，"利他"是经商的出发点。近些年来，在中国以及全球范围内，对于好企业的衡量标准也从单纯地关注经济指标，过渡到兼顾企业对于社会以及环境的影响。或许在人类进步的密码里还应加入"利他""向善"以及"爱"的因素。这些看似与弱肉强食的商业社会不相匹配的词汇也许恰恰是当下更加需要的,尤其是随着科技的迅猛发展,在人类能力越来越强的同时,也更需要我们能平衡好人与人、人与社会,以及人与环境的关系,从而延续人类文明的进步。

  特别开心的是,南雁以导师的身份参与了我在长江商学院推出的"社会创新与商业向善实践课堂"。作为一名导师,他在身体力行地帮助年轻的企业家践行商业向善,引导他们义利兼顾,通过商业的模式解决社会问题,让企业在可持续发展的同时,成为社会进步的重要力量。也许在这个过程中,他可以探寻出下一个进步的密码,也给他人带来启发。

朱 睿

2024 年 6 月 28 日

目 录

第一部分：由"无买家社会"向"一买家社会"的跨越

第一章　南门之木：中国千年变局之滥觞 / 003
第二章　不杀武庚：藏在礼制中的玄机 / 020
第三章　谁是大推手：东方文明的崛起 / 034

第二部分："一买家社会"的调整变革及"多买家社会"的诞生

第四章　狼哺之城：古罗马的兴起与衰落 / 055
第五章　欧洲的黎明：从文艺复兴到全盛时代 / 075

第六章　清教徒的胜利：美利坚是如何成为超级强国的 / 095

第七章　进步的密码：从无买家到多买家的变迁 / 114

第三部分：由"无买家社会"到"一买家社会"，再到"多买家社会"的变革成果

第八章　改革开放：再次腾飞的中国龙 / 127

第九章　从明治维新到战后改制：日本的两次逆袭 / 145

第十章　印度象：二十一世纪的新巨兽 / 175

第十一章　控制还是放手：新加坡的皮与骨 / 195

第四部分：从社会进步的"密码"之中发现的经营启示录

第十二章　经营启示录：如何激活企业的内生动力 / 211

第十三章　人类的未来：社会发展规律的终极解码 / 233

参考文献 / 240

第一部分

由"无买家社会"向"一买家社会"的跨越

【内容摘要】"商鞅变法"带来了新的社会资源分配模式,在这种激励模式下,秦人奋勇作战,人民生产积极性极高,促使秦国迅速崛起,最终一统"六国"。

第一章

南门之木:中国千年变局之滥觞

我们每个人每一天都在经历历史:我们从手机、电脑、电视上看到的那些轰动一时的新闻、事件,都会慢慢地变成历史书上一行行沉默的、小小的铅字。

从长达数千年的人类文明史来看,这些所谓的"大事件"如同恒河之沙,多到数都数不清。

事实上,绝大部分在当时看起来很严重的事,放在浩如烟海的历史典籍中审视,也许是微不足道的。

要从无数历史大事件中筛选出那些真正引发社会变革、改变历史走向的事件节点,无疑是一件很困难的事情。而我们今天要做的,就是尝试从纷繁芜杂的历史事件中找到那些引发变革的真正节点,从而厘清社会发展的脉络,探寻那些隐藏在历史记载背后的原因。

第一个故事,要从一根看起来不那么起眼的木头开始说起。

1. 扛根木杆一百万

周显王十年(公元前 359 年),秦国国都栎阳。

这一年是秦孝王继位的第三个年头了。一天,栎阳市集的南门边忽然不声不响地树起了一根六米多高的大木杆子。

这可不是一根普通的木杆,木杆上贴有一张招募令,招募令上说,树立这根木杆的人要招募勇士,谁能把这根木头从此处搬到市集的北门,就能得到十金赏赐。

这个奇怪的要求,引得围观的众人议论纷纷。

先看看这根木头。战国时秦国一丈约为 2.3 米,这根木杆如果以直径 10 厘米算,大约是 1/20 立方米,重量应该在 40~60 公斤,一个强壮的青壮年男子可以轻松扛起。

再来看看赏赐。秦国时候的 10 金,就是 10 镒黄金,一镒是 20 两,1 两黄金可以买 12 石粟,1 石粟约为现今的 27 市斤,10 金可以买 6 万多斤粟。秦国的粟相当于现在的大米,按米价 4 元每斤来算,6 万多斤粟相当于现在 26 万元左右的巨款!

一件几乎只要是个成年人就能做到的事情,竟然能让人轻轻松松净赚数十万元,按理说应该很多人争着干才对。然而,围观的众人却只是指指点点,谁也不敢上前。

第一章 南门之木：中国千年变局之滥觞

或许是他们觉得这事儿太不合常理，害怕自己一不小心就闹了笑话。

没过多久，赏金被提高到了 50 金，按今天的价值来说，是相当于百万元的巨款了。俗话说："重赏之下，必有勇夫。"此时，终于有个人站了出来，把木头从南门扛到了北门。结果，负责的官员竟然真的当场给他发放了约定中不菲的赏金。

这个事件很快传遍了整个栎阳城，乃至整个秦国。这就是"徙木为信"这个典故的由来，而整件事背后的主导人正是大名鼎鼎的商鞅——当时他还叫公孙鞅。

关于这件事儿，《史记·商君列传》里是这么写的：

> 令既具，未布，恐民之不信己，乃立三丈之木于国都市之南门，募民有能徙置北门者予十金。民怪之，莫敢徙。复曰："能徙者予五十金。"有一人徙之，辄予五十金，以明不欺。卒下令。

这段话的大意是：公孙鞅想要发布一道法令，但他怕民众不相信自己，就派人在国都栎阳集市南门立了一根三丈长的木头，用 10 金的悬赏，招募能把木头从南门搬到北门的人。民众都感到很奇怪，没有人敢去搬。公孙鞅又说了："给能搬木头的人 50 金。"有一个人搬了，立刻就被赐予了 50 金。公孙鞅这么做，是想通过这件事告诉秦国民众，作为官方代表的他言而有信，说要干什么，就要干什么，绝不是说着玩的。

此事过后没多久，公孙鞅就颁布了自己草拟的新法令。这道法令名为《垦草令》,是公孙鞅此后一系列变法的开端。《垦草令》有什么特别之处,为什么公孙鞅要先煞费苦心地演一出"立木建信"的大戏来赢得民心呢?我们不妨一起来看看这部《垦草令》的内容。

"垦草"的意思,是指开垦长草的荒地。从字面意义上理解,这是一个与农业相关的法令。整部《垦草令》总结起来就是一句话:开荒拓野。其主要内容是:增加农民数量,使全国各行各业的人都从事农业;禁止农民购买粮食,迫使农民专心务农;取消影响农业生产的娱乐活动。如此一来,"则草必垦矣"。强调农业并不难理解,国家要发展,人民要安定,粮食充足是最根本的前提。

秦国国力后来因变法而日益强盛,前期的《垦草令》功不可没。虽然它大部分篇幅是在讲农业开荒种地、支持农业生产的相关内容,但从大历史的角度来看,真正让当时的秦国社会开始发生变革的,主要有下面这几条。

第一条:"禄厚而税多,食口众者,败农者也;则以其食口之数,赋而重使之,则辟淫游惰之民无所于食。"

第二条:"均出余子之使令,以世使之,又高其解舍,令有甬官食,概不可以辟役,而大官未可必得也,则余子不游事人,则必农。农,则草必垦矣。"

第三条:"无得取庸,则大夫家长不建缮。爱子不惰食,惰民不窳,而庸民无所于食,是必农。"

大致意思是:

第一条,贵族、官吏俸禄高,自家又收不少税,手下吃闲饭的人(食客)众多,这很不利于农业生产。所以,要按豢养食客的人数向贵族、官吏收税,让那些游手好闲、无所事事的人没法混饭吃,这样他们就会乖乖地去耕田种地。

第二第,除卿大夫、贵族嫡长子以外的贵族弟子,需要担负国家的徭役赋税,顺序根据辈分来定,他们需要的粮食从掌管服役人员的官吏那里领,让他们没法逃避徭役,这样他们就没法四处游说或投靠权贵,只有去务农,荒地也就能得到开垦了。

第三条,不准贵族士大夫雇用杂役,他们娇生惯养的儿女不能不劳动只吃闲饭,要他们去务农。这些人不偷懒,原有的农田不荒芜,农民就会更加努力地从事农业生产。

这"一刀切"下去可是够狠的,不仅削减贵族势力,还让贵族子弟亲自去务农。难怪公孙鞅刚到秦国的时候,那些贵族就不给他好脸色看。

秦国的贵族代表甘龙、杜挚,听到变法风声之后跳出来反对。他们认为"利不百不变法,功不十不易器""法古无过,循礼无邪",即周礼那一套是祖宗传下来的,用了好几百年都没变过,你一个小小的公孙鞅来了,法令就要改吗?

面对甘龙、杜挚的刁难,公孙鞅针锋相对,毫不退让。他说:"前世不同教,何古之法?帝王不相复,何礼之循?""治世不一道,便国不法古,故汤武不循礼而王,夏殷不易礼而亡。反古者不可非,而循礼者不足多",因此他主张"当时而立法,因事而制礼"。简单来说,公孙鞅认为,时代不同了,观念也应该与时俱进,周礼那一套现在不能完全照搬。

由《垦草令》开头,其后公孙鞅在秦孝公的支持下继续颁布了一系列变法的法令,砍向贵族们的刀锋也越来越利。

2. 想拿爵位？人头来换！

据说公孙鞅来秦国的时候,随身只带了一本书,就是魏国李悝的《法经》。李悝是公孙鞅的偶像,也是战国时代的"法治先锋"。李悝提出了"重农"和"法治",这两个理念对战国时代法家学派的人的影响很大。

《垦草令》颁布三年后,也就是周显王十三年（公元前356年）,秦孝公任命公孙鞅为左庶长。随即,公孙鞅以《法经》为本,在秦国国内开始了第一次变法。

此次变法比起《垦草令》的内容又丰富很多,包括奖励农耕、激赏军功、统一治权、正民易俗等,几乎涵盖了民生、军事、政治等方方面面的内容。

可想而知,当时贵族们在看到这些法令之时的怨怒之情,但公孙鞅背靠秦孝公这座大山,他们也无可奈何。

法令推行,秦国国势日渐强盛。作为幕后老板的秦孝公见到成效，自然对公孙鞅的工作表示满意。不过，秦孝公不满足于只在一时一地改革，他又将目光瞄向了栎阳西南边五六十公里外的咸阳。

咸阳位于关中平原中部，北依高原，南临渭河，顺渭河而下可直入黄河，经终南山与渭河之间可直通函谷关。可以说，咸阳是一个直通中原的要地。周显王十九年（公元前 350 年），公孙鞅奉秦孝公之命征调士卒，按照鲁国、卫国国都的规模修筑冀阙宫廷，营造新都，同时在秦国国内进行第二次变法。

第二次变法的动静也不小，除了统一度量衡、编订户口按户征税、进一步加强小家庭外，还有两条对后来产生巨大影响的法令：

一是废除井田制，"开阡陌封疆"。即废除土地国有制，国家承认土地私有，允许自由买卖。

二是普遍推行县制，"集小都乡邑聚为县"。即废除分封制，设置县一级官僚机构，以县为地方行政单位。县设县令以主县政，设县丞以辅佐县令，设县尉以掌管军事。"凡三十一县"，县下辖若干都、乡、邑、聚。

井田制是一种古老的制度，从商朝到东周战国时期，延续了近千年。正如《诗·小雅·北山》所说："溥（普）天之下，莫非王土；率土之滨，莫非王臣。"根据井田制，一切土地都应属于国家所有，周王是全国最高的统治者，也是所有土地的掌控者。

然而，春秋时期，由于铁制农具的和牛耕的普及等诸多因素，井田制开始逐渐瓦解。及至战国，东周王室失去实权，土地为各个诸侯国国王所有，井田制实质上变成一种以国有为名的贵族土地所有制。所以破除井田制，其实就是收回贵族们的土地。

推行县制，即地方直属秦王，所有的地方官员都由秦王委派。贵族不能像以前那样分封土地，所以也就失去了自治权。

我们来梳理一下公孙鞅的变法脉络：《垦草令》是属于试探性的小打小闹，敲打敲打贵族；第一次变法废除爵位世袭制，这是拿掉了贵族的钱袋子；第二次变法废除井田制、推行县制，这是取走了贵族的地和权。钱、地、权三者相辅相成，互相联系在一起。公孙鞅三管齐下，让整个社会的利益分配机制发生了巨变。一句话，公孙鞅破除了当时社会按血统分蛋糕的惯例。

贵族们当然不会就此善罢甘休，秦孝公十六年（公元前346年），也就是周显王二十四年，秦国发生了"太子犯法"之事。太子嬴驷是国家的储君，不能施以刑法，所以，如今他犯法，等于给公孙鞅出了道大难题。不过，信奉法家学说的公孙鞅当时并没有含糊退让：不惩罚太子，就惩罚太子的老师。公孙鞅命人在太傅公孙贾脸上刺字（黥刑），又挖掉了公子虔的鼻子（劓刑）。要知道，公子虔除了是太子的老师，更是秦孝公的哥哥、太子的伯父！这一刀挖下去，公子虔自觉没脸见人，之后八年，再没出过家门！这个仇有多大可想而知。

太史公司马迁把公孙鞅惩治太子老师的行为称谓"执法从

严,王子与庶民同罪",但在当时的情境下,肯定不会像《史书》记载得那么简单。公孙鞅背靠秦孝公,他的行为从某种程度上来说,体现的是秦孝公的意志——秦国国君不会像以前一样,对王公贵族们或妥协或纵容。他希望所有人都明白,君王才是国家真正的、唯一的"买家"。秦孝公铁了心要变法,所有的反对声音都在他的支持下由公孙鞅硬压了下去,但这也为日后贵族们向君权反攻倒算埋下了伏笔。

六年之后(公元前340年),公孙鞅率秦赵联军击败魏国公子昂。魏割河西之地与秦,将人民迁居至大梁。当年放走公孙鞅的魏惠王追悔莫及,只恨当时没听公叔痤的话把公孙鞅一刀杀了。

至此,公孙鞅的变法故事可以说迎来了大结局:他因为讨伐魏国有功,封于商十五邑,得到了他名垂青史的著名封号——商鞅。

当然,秦国变法只是废除了分封制的基本,没有彻底取消分封制。商鞅自己的军功就是用封邑来作为奖赏的。秦孝公时期的封邑,有一定征兵的权力,不过比起之前已经大大弱化了。后来也有很多秦国显贵是有封邑的,比如魏冉、吕不韦。直到秦王嬴政,也就是秦始皇上台后,才彻底废除这一制度。

秦孝公死后,秦惠王嬴驷即位,很快就开始对商鞅实行清算,以报当年的一箭之仇。商鞅回到自己的封地,虽组织了一部分军力反抗惠王,却无力回天,很快被强大的秦军碾个粉碎。商鞅被灭族，本人也被施以车裂极刑。

商鞅变法后，"行之十年，秦民大说，道不拾遗，山无盗贼，家给人足。民勇于公战，怯于私斗，乡邑大治"①。虽然商鞅本人身死族灭，但是惠王并未废除他颁布的法令，此后秦国将"只有耕战有功才能获得赏赐和晋升"这条规定贯彻执行了下来。社会利益分配的新机制深入人心，成为秦国赖以崛起的国之根本。

3. "一买家社会"：比拳头的新游戏

商鞅变法为什么能激发出秦国如此大的能量呢？显然，人民是国家发展中最大的变量。如果能够充分激发和引导人民的能量，国家和社会就能快速取得进步。

变法前，秦国遵循周礼，以血统分配社会资源。国家的土地、财富等于贵族们的封地、爵位，并且，随着他们的血统一路向下传递。贵族们不缺钱粮，势力强大。

按血统分配资源起自蒙昧时代，在任何一个文明中都出现过。秦王名义上是秦国的国王，他所掌握的资源却并非整个国家，因为各个贵族都有自己的封地和势力。再者，贵族恒为贵族，平民恒为平民，各个阶层完全固化，上升通道基本没有，社会四平八稳，一成不变。

如果把当时秦国当权者和人民当成是个人能力的买方和卖

---

① 《史记·商君列传》。

方,把整个社会看成一个大的个人能力市场的话,这个市场在变法前可以说是波澜不兴——社会财富完全被贵族阶层把持,国君既然没有分配社会财富的权力,也就没办法用社会财富购买平民能力。所以,当时的秦国社会没有个人能力的买卖交易,不存在买家和卖家。这导致每个人都安于现状,整个社会缺乏活力和动能,我们不妨把这种社会形态叫作"无买家社会"。

商鞅变法到底让秦国发生了什么样的变化,使得秦国能够成为一统天下的最终赢家呢?最关键的地方在于,商鞅的法令打破了按血统分配的既定规则,激发了秦国这个"大市场"的活力。

变法后,秦孝公作为国君,在秦国历史上第一次真正掌控了全国的土地和财富。因而,在秦国市场中,秦孝公是唯一具备支付能力的买家。他一方面可以用赏赐去收购国民的智慧与勇武;另一方面可以对购买做出规定,比如爵位不许世袭,任何国民都不能以爵位驱使别人为自己服务,不能持续完成目标者会被收回赏赐,杜绝第二个买家出现的可能。反观周王的分封,一方面没什么规则,比较随意;另一方面爵位是世袭罔替,随血统一直延续下去,没法再收回的。

这样,秦王对于整个社会的支配能力就大大增强了,工、农、商、兵都按照秦王的设想,各司其位,为秦王效命。

所以,商鞅变法后的秦国社会形态不再是根据血统来决定地位的"无买家社会",而是以君王作为社会唯一买家、其他人根据能力提升地位的"一买家社会"。

在这个"一买家社会"里，商鞅留下了新的晋升制度和郡县制作为政治遗产。秦孝公根据颁行的法令来分配爵位、土地、财物等资源，平民百姓可以凭借对国家的贡献来赢得这些资源，实现阶级和财富的跃升，按血统分配资源的旧制度则被完全打破。激励带来活力，人们为国家做出贡献的动力大大增强，相应地，国家收获了更多的发展动能。

凭着手中的爵位和土地，秦孝公推动了整个秦国社会的进步，也"买"来了无数秦国勇士，铸就了一支所向披靡的无敌雄师。而从"无买家社会"转变为"一买家社会"的更深层次分析，我们将会在后面详细叙述。

商鞅可以说是中国十分伟大的社会制度革命家之一。他的变法用"军功授爵"取代"血统分封"，几乎是整个中国历史上第一次对血统分配制度的彻底颠覆。无论后人对商鞅这个人怎么评价，他的变法都切切实实地改变了秦国，让整个秦国的社会发展步入快车道，打破了战国时期各国相峙的均衡状态。

其实，在商鞅之前，还有两个人主导过类似的变法：一个是魏国的李悝，另一个是楚国的吴起。

李悝提出"食有劳而禄有功，使有能而赏必行，罚必当"，主张废止世袭贵族特权。李悝的变法有一定的缺陷，比如对于"赏"的制度建设不够，但它是中国历史上第一次对世袭制度的挑战，意义非凡。通过废除世袭制度，一批对国家无用甚至有害的特权阶层被逐出政治中心，而那些出身一般的人可因战功或才能跻身政界；通过剥夺封君在食邑内的治民之权，封君的特权局限于衣食租税，大大削弱了魏国"世卿世禄"的制度。李悝变法得到了魏文侯的支持。作为战国诸侯中第一个变法的国家，魏国的实力在魏文侯、魏武侯时期达到了顶峰。然而，其后魏国经历了混乱，继位的魏惠王又白白放走了商鞅，魏国的变法仅推行了两世就半途而废了。

吴起变法同样是为了削减爵禄，进而废除贵族世卿世禄制，以及加强法制、整顿吏治和加强军事训练。《说苑·指武》说："（吴起）均楚国之爵，而平其禄，损其有余，而继其不足。"意思是对无功劳的贵族及其后代，实行均爵、平禄的政策，对立有军功和其他有功的人员，则授予爵禄，提高将士们的积极性。楚国变法是持续时间最短的，楚悼王去世后，吴起就被贵族们射杀。尽管继位的楚肃王诛杀了作乱的贵族，但是变法依然难以为继。

由此可见，旧有治理结构和利益分配机制的反噬力量是极其强大的。商鞅是一个足够幸运的变法者，秦国变法成功最大的原因在于秦孝公。其在位的时间足够长（公元前361年至公元前338年），决心和力度也足够大，使得商鞅有一个相对充分的制度建设期，使得社会形态的转变能够最终成型。

正所谓："王侯将相，宁有种乎。""无买家社会"比的是血统和出生，结果无法改变；"一买家社会"比的是拳头，后期可以调整。在"一买家社会"，国君作为唯一的大买家，君权的地位也随之上升到了一个全新的高度。

"一买家社会"相对于"无买家社会"有着毋庸置疑的压倒性优势。在秦孝公的治理下,蜕变为"一买家社会"的秦国发展出了远超其他国家的耕战实力。破除资源分配的血统壁垒之后,秦人爆发出惊人的潜能。所谓"上下同欲者胜",整个社会都被一种澎湃向上的分配愿景所推动,奠定了百年后秦国横扫六合、一统天下的根基。

4. 铁血强秦:黑夫与惊的战地家书

1975年12月,在湖北省云梦县睡虎地秦墓中出土了大量竹简。其中有一座不怎么起眼的墓地,墓主人名叫衷。衷的墓中几无长物,却保存着来自他的兄弟们的两封家书。正是这两封短短的家书,为我们生动地再现了那段秦国横扫六合的铁血历史。

衷的两个兄弟分别叫黑夫、惊,信是从他俩的驻地淮阳(今河南周口市)寄往家乡安陆(今湖北云梦县)的。

这两封家书写于秦灭楚的战争之中。秦国名将李信领兵20万攻打楚国,大破楚军,攻占楚国旧都鄢、郢,与蒙恬相会于城父。但楚军在名将项燕的率领下紧紧跟随秦军,三天三夜都没有停下来休息,终于大败李信军。

为了消灭实力雄厚的楚国,秦王嬴政亲自去请老将王翦出

第一章　南门之木：中国千年变局之滥觞

山,将边防之外所有能动员的军马都交给他。王翦得到60万大军,经过两年的征战,终于消灭楚国。

在征战之前,惊刚刚新婚。他挂念自己的母亲和妻子,嘱托兄长衷好好照料她们,同时告诫兄长不要带家人去"新地",也就是秦军新近攻陷的地盘。因为楚国实力雄厚,对秦军的反抗极为强烈,这些地方常常会被秦楚双方反复争夺,很不安全。

在信中,除了对家人的牵挂外,还有些颇值得关注的地方。

黑夫的第一封信里是这样写的:

>……遗黑夫钱,母操夏衣来。今书节(即)到,母视安陆丝布贱,可以为襌裙襦者,母必为之,令与钱偕来。其丝布贵,徒(以)操钱来,黑夫自以布此。黑夫等直佐淮阳,攻反城久,伤未可智(知)也,愿母遗黑夫用勿少。书到皆为报,报必言相家爵来未来,告黑夫其未来状。闻王得苟得毋恙也? 辞相家爵不也? 书衣之南军毋……不也?①

大致的意思是,黑夫要家里给他寄钱,请母亲看下家乡的丝布贵不贵。不贵的话一定要给他做套夏衣,和钱一起带过来;要是贵,只多送点钱就行了,他直接在这里买布做衣服。另外,黑夫还让家人告诉他,兄弟俩给家里挣的爵位,秦王分给家里了没有,因为军中说秦王只要一得到淮阳就会封爵。

---

① 睡虎地秦墓竹简整理小组.睡虎地秦墓竹简[M].北京:文物出版社,1978年,编号M4:11、M4:6,下同。

第二封信是惊所写，信中说：

>……愿母幸遣钱五六百，布谨善者毋下二丈五尺。……用垣柏钱矣，室弗遗，即死矣。急急急。惊多问新负(妇)、妴(婉)皆得毋恙也？

这封信同样是让母亲寄钱和布到军中。惊说他借战友垣柏的钱都花完了，家里再不送钱来必死无疑，还连写了三个"急"字。

写第一封信的时候，惊在攻打淮阳城。写第二封信时，淮阳已经打下来了。没多久楚国再夺淮阳，淮阳成了秦的"反城"。这两封来自火线的信清楚地说明了一个事实：秦兵的衣服和钱都得自备，要是没钱，就会饿死或者冻死。

真相往往很残酷。衷的墓葬极为简陋，除了两封家书，只有石砚、研墨石和墨。极有可能，此后黑夫与惊都死在了战争中，尸骨无存、音讯不复。衷带着笔墨，也许是要到另一个世界，写回信给两个不知所踪的弟弟。

究竟是什么样的力量能让全国的百姓举全家之力，甚至于豁出性命为国家做出如此之大的奉献呢？显然，一个重要的原因是"爵"，舍出性命，可以为家庭打拼出一个带有爵位的美好未来。正是这样的愿景，让千千万万的"黑夫"和"惊"参军，组成了锋锐无比的铁血军团，也催生出一批像白起一样的名将，他们让秦王最终当上了全中国的皇帝。

商鞅变法产生的"一买家社会"，因其新型分配体系而具有强大的力量,使秦国快速拥有凌驾于其他国家之上的绝对实力。长远来说,这次变法不只为秦国奠定了一统天下的基础,更成为中国千年变局的伟大开端——在栎阳市集南门竖起木杆的那一刻起,牵动历史飓风的那只蝴蝶就已经开始挥动它的翅膀了。

第二章

不杀武庚：藏在礼制中的玄机

中国历史上存续时间最长的朝代是哪朝，是大家都耳熟能详的汉朝、唐朝，还是宋朝、明朝？

其实以上答案都不对。答案是周朝。

很多人比较容易忽视这个朝代，周王朝共传国君32代，有37王。从公元前1046年周武王灭商，定都镐京开始，直到公元前256年都城洛邑沦陷、周赧王病逝为止，享国共计791年，比后世两个国祚超300年的长命朝代——汉朝和宋朝加起来还要长（东西汉共409年、南北宋共315年），甚至比唐、明、清三个朝代加起来都只少了数十年而已！

周朝展现了其他朝代望尘莫及的延续性。而再往前推，夏、商、周三代加起来超过1800年，几乎占了中国自夏以来四千年文明史时长的一半!

夏商周三代,尤其是周朝,所展现出来的惊人延续性不是没有缘由的。显然,孔子口中"郁郁乎文哉"的周朝,在社会治理结构上有着与后世朝代不同的印记。

所以,在探寻商鞅变法引发的千年大变局之前,我们不妨回望过去,看一看商鞅变法之前的社会形态,看看周王朝到底有什么特别的地方。

1. 大西周:打架的神仙与神秘的名将

一个历史朝代在现代人心目中的存在感高不高,可以从影视作品中窥见一二。关于汉、唐、宋、明、清各朝代的影视作品有多少,可能一时间不太容易弄清楚,因为实在太多了。相比于汉唐,讲周朝的电视剧非常少,周朝被很多人忽视,可能也有这方面的原因。

但与周朝有关的一部神话剧非常火爆——《封神演义》。根据不完全统计,从1927年的电影《封神榜之杨戬梅山收七怪》到2019年的《哪吒之魔童降世》,九十多年间与《封神演义》相关的电影电视作品足有四五十部。这意味着每两年就会有一部与之相关的电视剧或电影问世,除去战争动荡年代对影视拍摄的影响,这将近一个世纪的时间里,几乎每隔一年半载就有一部相关作品面世。这种热度,恐怕只有《西游记》才能与之相比了。

通过《封神演义》来熟悉周朝，似乎对大统领周武王姬发有点不公平。本来他才是历史的主角，现在却被姜子牙、哪吒、杨戬，甚至太乙真人、申公豹、敖丙等人抢去了风头，在《封神演义》的故事里，很多时候他只能当个配角，有时甚至连出镜的机会都没有。

《封神演义》在中国是一部广有影响的小说，它的内容虽多，但可以用四个字来概括：神仙打架。大仙各有各的本事，存在感十足。姜子牙、哪吒、杨戬在民间名声很响，雷震子、土行孙也有让人印象深刻的绝招。各路大仙们组成的团体，即阐教与截教，互相之间的斗法更是精彩十足。周武王姬发在里面似乎只是一个需要被人保护的真命天子，像个道具，没有实质作用，更谈不上人物塑造、功过评述。

当然，《封神演义》不是史书，但也会催生出一些有趣的问题：《封神演义》里的人物和故事是不是有真实存在的原型呢？神仙打架当然出于人们的想象，但是也不是凭空想象出来的。我想，大部分人可能想过，西周时代真实的战争是什么样的呢？

中国国家博物馆有一件迄今所知最早的西周青铜器——利簋，它是首批永久禁止出国或出境的64件国宝级文物之一。利簋就是利的簋，即这个"簋"，属于一位叫作"利"的人。

利簋最珍贵的地方不在于簋的纹饰有多么精美，工艺有多么先进，而在于它上面镌刻的铭文。三十三个字，短短的四行，记载了三千多年前那场惊心动魄的武王伐纣之战。

这四行铭文是这么写的:"武王征商,唯甲子朝,岁鼎,克昏夙有商,辛未,王在阑师,赐右史利金,用作檀公宝尊彝。"

这段话翻译过来大致的意思是:周武王征伐商王帝辛(即商纣王),在岁星当空的甲子日早晨攻占朝歌。在辛未日(辛未日在甲子日的第八天后),武王在阑师论功行赏,赐给右史利青铜,右史利使用这些青铜为祖先檀公做了这件祭器,以纪念先祖檀公。

利簋上的文字可以和《尚书·牧誓》《逸周书·世俘》中的记载相互印证,相当有说服力。寥寥数字,便让人感受到了改朝换代的恢宏气象。

依据史实来看,周朝的开国之战显然不像《封神演义》里面那么神奇。其实《封神演义》里面的人物,大部分是从道教甚至佛教中的人物转化而来的,在历史上基本上找不到原型;只有文王姬昌、武王姬发、商王帝辛、姜尚、苏妲己等少数几个人在历史上有过明确记载。

西周的青铜器上可不只记录了武王伐纣这个大事件,还有周王朝征伐四方的记载。

周武王之后继位的是周成王,成王之后是康王。康王时期有一位不见于史册的神秘将领,他的名字叫作"盂"。从康王时期著名青铜器小盂鼎的铭文中可以看到,盂讨伐鬼方,凯旋后军旗上插着鬼方首领的头颅。他抓住了3个鬼方酋首,砍了4 800多个人头,俘虏了13 000多人和很多马匹、车、牛羊。在另一场战斗中,他抓了一个鬼方酋首,砍头237个,俘虏若干人,得到104匹马、车上百辆。康王对他大加称赞,盂对王行拜礼之后,把鬼方首领押上来进行审讯,然后当场砍了鬼方首领的头,最后,康王让人将鬼方首领的人头在周天子宗庙烧掉以献祭祖先。这段铭文在今天看来有些血腥,却非常真实地反映了当时的情形。其实,世界上很多文明的初期战争也是如此。

战争之后,从商王武丁开始屡伐屡叛的鬼方就在各类文献中看不到了。很可能,鬼方因为受到重大打击,从此在历史长河中彻底消失了。

如果将盂和后世的将领对比,他更像谁呢?能彻底消除华夏边患的将领可真不多,其功绩至少堪比汉代赫赫有名的卫青、霍去病,按这个标准,盂可以称得上是千古名将了。

成康间的另一位将领是伯懋父,有大量的青铜铭文记载了他的事迹。如《吕行壶》铭文"佳三月,伯懋父北征";《御正卫簋》铭文"五月初吉甲申,懋父赏御正卫马匹自王,用作父戊宝尊彝";《召尊》铭文"佳九月,在炎,甲午,伯懋父锡召白马每发微";《小臣簋》铭文"东夷大反,伯懋父以殷八师征东夷";《师旂鼎》铭文"唯二月丁卯,师旂众仆不从王征于方雷,使厥友弘以告于伯懋父"等。

从铭文记载来看,伯懋父不仅"北征",还"以殷八师征东夷""东伐海眉",而且在"征方雷"时发号施令。他统帅"殷八师"镇守东方,防卫东夷各族叛乱,保卫着西周王朝的安全。他还随时听命于周王室的调遣,率领"殷八师"东伐西讨,南征北战,战功卓著,为西周立下了赫赫战功。

西周的另一个对外征伐的高潮在周宣王时期。比如名将兮甲,《诗经》和青铜器兮甲盘的铭文都记载了他讨伐猃狁的功绩,再比如虢季子白和召伯虎,他们征讨的战功也都在青铜器虢季子盘的铭文和《诗经》中有记载。

在西周时代,能铸造青铜器的都是些什么人呢?答案是贵族,因为只有贵族才有权利和财力铸造各种复杂精美的青铜器。例如,伯懋父,不少人认为他是成康时期卫国的国君卫康叔,地位很高;又如虢季子白是宣王时重要的军政大臣,可能就是《史记》中的虢文公。不管怎么说,这些人都是地位尊崇的贵族。

西周时代的贵族,都是有封地、有军队的,比如伯懋父就有一支王牌军队——殷八师。那个年代的将帅,几乎清一色都是这样有权、有势、有军队、有领地的分封贵族。他们之间的战争就像是《封神演义》中的神仙打架,贵族之间相互争抢战利品,平民百姓完全没有资格上台来分一杯羹。

所以说,姬发的大西周,只有神仙打架的大戏,没有励志故事的舞台。这种四平八稳、一成不变的社会形态,从夏、商一直延续到东周的战国末期。

这种社会形态,如果在王朝的延续期还好说,一旦到了改朝换代的时候,那么前朝的贵族该如何处置呢?夺取天下之后,周武王姬发就遇到了这个问题。

2. 杀还是不杀,这是个问题

在我们的记忆里,改朝换代的当权者们一般是怎么做的呢?秦灭时,项羽杀子婴,火烧阿房宫;隋代周而立时,北周静帝退位后九岁即薨,死因不说大家也能猜得到;隋灭时,十五岁的隋恭帝杨侑在唐朝立国两年后死去;南宋厓山兵败,陆秀夫背着小皇帝赵昺跳海殉国;明代北京城破,崇祯吊死煤山……凡是"国灭",前朝国君基本上都逃不出"身死"的下场。

那么,周武王既然一战定天下,那他面对商王帝辛之子武庚,是杀,还是不杀?杀吧,商朝旧民为数众多,恐怕会引发动荡;不杀吧,似乎又留下后患。"To be or not to be",看起来可真是个难题——莎士比亚这句台词,放在这里也挺应景。

据说,姜子牙是主张对商国残余赶尽杀绝的,但周武王姬发的弟弟姬旦反对,认为封武庚于朝歌,有利于安定民心。姬发听了姬旦的建议,把武庚封在殷地。果然,殷民大悦。

当然,以上这些细节,很可能是后世小说家的想象。实际上,依周代礼制,"亡其国而不绝其祀",即不杀先代王公。

《左传》有句很出名的话:"国之大事,在祀与戎",可知在当时,祭祀和战争是国家最重要的大事,马虎不得。

这是为什么呢?

首先,出于生存的考虑,没有强大的军力,国家可能在残酷的竞争中被征服、不复存在;其次,土地和人口越多,国家可以聚集的财富就越多,可以汇聚的力量就越强大。所以,不管是出于生存的目的还是发展的目的,对外战争都是很重要的。

对内来说,祭祀是维系稳定的基石。西周政治制度是宗法制、分封制和世官制三位一体。三者当中,血统论起着基石的作用。血统决定了社会中每个人的地位,而这个地位如果需要维系,那么祭祀就是体现血缘正统性的最好表达。"在祀与戎",祭祀甚至还排在战争之前,可见古人对祭祀的重视程度,说是国家的头等大事也不为过。

因此,"亡其国而不绝其祀"就成了天下共约、社会共识,也是当时上层贵族之间的游戏规则。这也就是孔子在《论语·尧曰》中所说的"兴亡继绝"。孔子认为"兴灭国,继绝世,举逸民,天下之民归心焉",即恢复被灭亡的国家,接续已经断绝的家族,提拔被遗落的人才,天下百姓就会真心归服了。

当初商王帝辛兵败之后登上鹿台,自焚而死。很多人认为他是走投无路才这么做的,实际上可能并非如此。

《封神演义》里说,周武王看到殷纣王火焰之中的身影,没有兴高采烈,而是掩面叹息。他认为事不至此,殷纣王没必要自杀。

不得不说,演义虽然有很多想象成分,但周武王的叹息也有可能是真的。纣王如果不自杀,也许真的能够活下去,因为周武王很可能不会杀他。周武王不仅没有杀其子武庚,还封之于殷地,让武庚继续统治自己的领地。不过,武王在分封的时候留了一手。武庚这人据说和他爹一样聪明勇武,周武王不能不防。于是,武王在朝歌周围设卫、鄘、邶三国,分封给自己的三个兄弟管叔姬鲜、蔡叔姬度、霍叔姬处,让他们共同监视武庚。这在历史上被称为"三监"。

看上去这是个很不错的安排,但世事难料,此举反而为后面的叛乱埋下了祸根。

两年后,周武王驾崩,立幼子姬诵为王,即周成王,让武王四弟姬旦辅政。因姬诵即位时年仅十三岁,姬旦代之掌管国事,后人称之为"周公"。

这下可捅了娄子了。姬诵的三位叔叔纷纷表示不服,他们声称老四姬旦"哪里是辅政,分明是篡权",他们认为姬旦早晚自立为王,应该出兵讨伐。为了壮大声威,他们竟然把本来由他们监视的武庚也叫上,一同谋反,史称"三监之乱"。

但周公姬旦是何等人物,当年姬发把他留在国都自然是有道理的。姬旦很快率军平定了三监之乱,杀武庚和领头的管叔、流放蔡叔、贬谪霍叔。

周武王没杀的武庚最终还是死了,那殷商是不是就绝祀了呢?并没有。武庚的地盘一半给了接管卫国的康叔,一半给了武庚的叔叔,也就是纣王的哥哥微子启。微子启建宋国,仍可祭祀先祖,管理殷商遗民。国家的名字改变了,但这套游戏规则还是没有任何变化。

所以,"杀还是不杀"其实在当时并不是一个需要抉择的问题,因为在这套社会体制下已经有了一个确定的答案。

笔者阐述这个问题,是想说明一点:贵族的血统在周礼的加持下,甚至能在敌我之间达成某种共识,可见"血统论"对当时民众的影响之深远。

3. "无买家社会":儒家与道家的共同向往

中国历史上有一种有意思的现象:重视血统的时代,前朝皇帝或者国王多能留下一条性命。商代夏,夏桀只是被流放;周代商,武庚依然保留封地。到了一千多年以后重视门第的魏晋时代,血统论重新泛起,一样不杀前王。而后世的汉献帝作为亡国之君,反而成了东汉除刘秀之外活得最久的皇帝。

当然,魏晋时代和夏商周三代还是有很多不同的。魏晋时代杀不杀前朝王公贵族,对局势影响不大。而在夏商周三代,尤其是周朝,不管册封不册封,前朝王公贵族都是有领地、有影响力的实力派人物。除非确实要谋反,这些人不是想杀就能杀的,不然杀了之后还得收拾残局。

再往前看,不杀传统由来已久。比如,传说中,黄帝打败炎帝之后,没有杀他。因为,炎帝虽败,其手下军队依然只听令于他,所以,当了俘虏的炎帝仍然势力强大。黄帝从现实考虑,选择与炎帝结盟,而不是灭了炎帝部落。传说也许不完全真实,但其中反映出来的社会形态是耐人寻味的。

因此,先秦时代正是一个不折不扣的"无买家社会"。社会上不存在确定的买家,血统决定了一切,贵族平民各安其位,没有上下流动。这是一个安稳但无进步动力的社会,没有"能者当之"的说法,只有等级严明的社会体制。这种社会机制在夏商两代甚至更久远的传说时代就已经存在。到了周朝,更是用《周礼》将这一套模式固化到了社会的方方面面。

《周礼》相传为周公所制,它展示了一个富于理想主义的、近乎完美的国家典制,国中的一切都井然有序、一丝不乱。周王朝初期的统治者实行封诸侯、建同姓的政策,把周王室贵族分封到各地,建立西周的属国。周公在分邦建国的基础上制礼作乐,系统地建立了一整套有关礼乐的完善制度。

这种礼乐制度,属于上层建筑范畴,是区分贵贱尊卑的等级教条。以嫡长子继承制为核心,它拓展出了一套父尊子卑,兄尊弟卑,天子尊、诸侯卑的等级森严的礼法。礼法的名目繁多,有吉礼、嘉礼、凶礼、宾礼、军礼等,甚至连夫妻之间的床笫之事都用"敦伦之礼"来规定。本质上,它是一种维护等级制度、防止僭越行为的工具。

孔子对于周代礼制可谓推崇备至,《周礼》因为孔子的推崇也成为儒家的经典。孔子认为,一切井然有序的礼制社会才是人类的理想社会。孔子毕生的政治理想便是恢复周礼,用维护上下等级的"礼"维护社会和谐。

这种安稳而无流动性的社会也体现了老子对于理想社会的某些构想。老子向往的"无为而治""小国寡民",在"无买家社会"里不难找到影子。所谓"鸡犬之声相闻,老死不相往来",不就是一个有明确边界、阶层之间互不相通的社会形态吗?老子提倡的"无为而治",更是不干预、维持现有社会形态思想的集中体现。

由此可见,"无买家社会"是儒道两家的共同向往。

然而,孔子生活在一个"礼崩乐坏"的年代。春秋五霸问鼎中原,已经不太理会旧有的体制,三家分晋更是对旧体制的一次巨大冲击。旧的社会体制在逐步瓦解,对此,孔子也只能徒呼奈何。

当时的社会已经到了变革的前夜,李悝、吴起、商鞅前仆后继地展开变法,希望社会结构发生有利于国家的变化。由此,"一买家社会"开始崭露头角。

4.《诗经》:"平原绣野、群歌互答"的美好时代

清嘉庆、道光年间,云南宝宁(今云南广南县)出了一位小有名气的才子,叫方玉润。

方玉润是家中长子,自幼聪慧过人,被父亲方凌瀚寄予厚望。方玉润文采出众,却继承了方家的祖传缺点:不会考试。方凌瀚考了十三次都没考上,方玉润考了十五次,次次名落孙山。

后来,方玉润投笔从戎,终于以军功获得官衔,在陕西陇州当了个州同(知州的副手)。他得到知州赏识,在当地五峰书院讲学。原本寂寂无闻的方玉润在讲学期间写了一部《诗经原始》。正是这本书,让他在学术方面留下了最精彩的一笔——《诗经原始》让诗经回归了诗歌原本的美学,而不再继续在经学的圈子里打转。

方玉润是怎么看《诗经》的呢?《诗经原始》里面有这么一句:"读者试平心静气,涵咏此诗,恍听田家妇女,三三五五,于平原绣野、风和日丽中,群歌互答,余音袅袅,若远若近,忽断忽续,不知其情之何以移,而神之何以旷,则此诗可不必细绎而自得其妙焉。"

"平原绣野,风和日丽,群歌互答,余音袅袅",方玉润通过《诗经》,找到了如世外桃源般的美景。《诗经原始》成书在《诗经》编纂完成的两千多年后,但此时的人们依然对周代的生活抱以美好的期望与向往。

这一类《诗经》中的场景,应该也符合老子和孔子对于人民生活的期望。不然,孔子何以对《诗经》发出"思无邪"的感叹,老子为什么会对"鸡犬之声相闻,老死不相往来"的生活状态大加推崇呢?

在《诗经》中,类似的诗句还有很多,它们反映了蒙昧时代、无买家社会的民众对生活的甘之如饴。

《诗经》里有很多流传千古的句子,反映了当时人们的生活状态。比如,有对爱情的向往:"关关雎鸠,在河之洲。窈窕淑女,君子好逑""蒹葭苍苍,白露为霜。所谓伊人,在水一方。"

有男女两情相悦的感受:"彼采萧兮,一日不见,如三秋兮""投我以木桃,报之以琼瑶。匪报也,永以为好也""维士与女,伊其将谑,赠之以芍药。"

有对婚后幸福生活的期待:"桃之夭夭,灼灼其华。之子于归,宜其室家。"

有对于美好人物的赞颂:"有匪君子,如琢如磨""手如柔荑,肤如凝脂……巧笑倩兮,美目盼兮。"

有对战友情谊的歌颂:"死生契阔,与子成说。执子之手,与子偕老。"

有对离别家乡的感叹:"昔我往矣,杨柳依依。今我来思,雨雪霏霏"等。

《诗经》中当然也有对于生活不满、渴望改变的诗篇,但总的来说,田园牧歌般的生活场景占了多半。方玉润"平原绣野,群歌互答"的描写,并非出于他的想象,而是对《诗经》整体情境和场景的美学归纳。

但历史前进和变革的浪潮终究不可阻挡,随着"无买家社会"受到越来越大的冲击,孔子的理想也终于在"礼崩乐坏"中崩塌,只留下后人们怀念曾经依稀的美好。

第三章

谁是大推手:东方文明的崛起

社会运行有其内在规律。在某些时候,它类似于一个链式反应堆:一旦达到了临界点、开始了裂变反应,就再不可逆。世界大势,宛如江水,浩浩荡荡。一旦开始流动,或会遇到波折和阻碍,却很难被阻挡。

商鞅的伟大变革,让"一买家社会"在秦国粗具雏形,也让秦国一跃成为战国时代的最强者。数十年以后,嬴政一统天下,开始推行"车同轨、书同文、推行郡县制、统一度量衡"的政策,把秦国赖以成功的社会形制推广至天下。

初看起来,这是个不错的主意。作为社会中的唯一买家,秦始皇嬴政本应该像他的玄祖父秦孝公那样获得人们的忠诚与勇力,让新生的秦帝国强盛不息,使得皇位"二世、三世至于万世,传之无穷"。

那么,他的国民对此又是怎么反应的呢?

大秦帝国的新国民们对此的反应和秦孝公时代的秦国人一样强烈,他们也都不约而同地抽出了身上藏匿已久的利刃,只不过这一次,不是对准了秦国的敌人,而是对准了秦始皇本人。

1. 史上最聪明的刺客

在今天河南省新乡市原阳县城东关有一座小亭子,里面竖着一块大石碑,上面写着四个大字:"古博浪沙。"在两千两百年前的秦王朝,这里发生了一件震动全国的大事。

一统天下之后,志得意满的秦始皇嬴政开始了他的全国大巡游。为了这次巡游,嬴政专门下令修筑以咸阳为中心的、通往全国各地的驰道。"驰道"是专门给皇帝用的,功能上和同时代修的"直道"一样,相当于一条条通往各地的"高速公路",使得骑兵和车马可以畅通无阻地去往全国主要城市。

秦始皇出游既是为了宣扬威德,也是为了求神问仙、祭祀天地,同时欣赏自己打下来的大好河山,找找成就感。比如,他"登琅琊,大乐之,留三月",即他在琅琊这一个地方,停留游玩了三个月。

秦帝国的两大掘墓人——刘邦和项羽,都是秦始皇大巡游的目击者,他们都亲眼看到过巡游车队的威仪。据说嬴政出行,有九九八十一辆马车随行,车水马龙,旌旗猎猎,十分壮观。刘邦不无羡慕地说,男儿大丈夫莫过于此。项羽则是霸气十足地指着秦始皇嬴政的马车说,他可以被取而代之。由此可见,秦始皇的全国巡游,阵仗绝对够大,排场也真的够足。

排场大,被袭击的可能自然也就大。之前,嬴政为了防止百姓造反,收了天下所有的兵器,熔成铜水,做成了十二尊硕大无比的铜人,史称"金人十二"。《史记·秦始皇本纪》记载:"收天下兵,聚之咸阳,销以为钟鐻,金人十二,重各千石,置廷宫中。"这些铜人每尊高十多米、重百余吨,工程量可以与兵马俑相提并论,堪称奇迹。实际上,"十二金人"的总重量,超过"旧世界七大奇迹"之一的希腊罗德岛青铜巨像数倍。按说收了这么多兵器,老百姓几乎手无寸铁,巡游时候又有重兵拱卫,应该是很安全了。然而没想到,嬴政经过博浪沙这个地方的时候出事了。

秦时的博浪沙,不像现在一马平川。当时黄河流经阳武县北,邙山过阳武县南。邙山之南有"圃田泽",沼淖数百;邙山之北是黄河滩,水草连沙堆。从长安到山东的驰道,就从黄河与沼泽之间的邙山脚下通过。

那时的博浪沙,大河汤汤,芦苇遍布,和风习习,每个到此的人都顿感神清气爽。但对见惯了高山大川、名胜奇景的嬴政来说,这种别人看起来还不错的风景于他而言实在是稀松平常,提不起他的兴趣。而且,博浪沙的路面起伏不平,马跑不起来,因此车队走得很慢。

昏昏欲睡的旅程中，一阵"呜呜"的风声蓦然间破空而来，还没等车队里的将领兵士来得及反应，一个120斤重的大铁锤就"嗖"地飞了下来，把一架四乘马车砸个稀烂！

因为嬴政经历过好几次刺杀，所以提前把自己的六乘马车更换成了和副车一样的四乘马车，此外，他还经常更换乘坐的马车，以减少被刺客发现的可能。关键时刻，这一招救了他的命，大铁锤没有砸中他，只砸中了跟在他后面的副车。

反应过来的嬴政马上派人去搜刺客。然而芦苇荡全是淤泥，马根本进不去。而要进行"地毯式"搜索，别说跟随嬴政的那些兵将了，再多个几千人怕也不够。在无边的芦苇中找人，无异于大海捞针。

嬴政大为恼怒，回去后立即诏令天下，出动大军搜捕刺客。但没人见过刺客，没人知道其身形相貌，甚至连刺客是几个人都没弄清楚，光凭一柄大铁锤，又怎么去找？

其实在此之前，刺杀秦王嬴政的人也有好几个，但基本上没人能活着逃走。高渐离、荆轲等，曾经都差点成功，却都功亏一篑，最终丢了性命。实际上，荆轲刺秦，本就是抱着必死的信念去的：在卫士众多的秦宫大殿上对着秦王上演"图穷匕见"，不管是成是败都会身死。只有博浪沙这一次，刺客全身而退，在秦始皇眼皮底下直接消失，秦王抓了几个月都没抓到，最后只能不了了之。

这次刺杀，计划缜密、地点绝佳，到底是谁做的？主谋当然不简单,他就是大名鼎鼎的留侯张良。十多年后,正是他辅佐汉朝的开国皇帝刘邦进入咸阳城,灭了大秦帝国。

张良原本出身韩国贵族,爷爷张开地是韩昭侯、韩宣惠王、襄哀王时期的丞相,父亲张平曾担当厘王、悼惠王的相国。如果没什么意外,张良也会封侯拜相。但到他这一辈的时候,韩国已逐渐衰落,最终被秦国灭掉。

因为秦国入侵,张良不仅失去了继承父辈事业的机会,而且从贵胄公子变成一介草民。国仇家恨集于一身,张良对于秦国的愤恨自然不必多说,于是,他将反秦当作终生的追求。

为了消灭秦国,张良可谓下了血本:亲弟弟死了都不下葬。散尽家资,只为刺杀嬴政。

张良筹划了许久:先找到一个大力士,为他打制一柄重达120斤的大铁锤;及至得知秦始皇的出巡路线,又开始寻找伏击地点,最终选择了博浪沙。博浪沙离韩国首都新郑不远,张良对其地形非常熟悉,起伏不平的路面又可以限制车队的速度;再者,其北面就是黄河,芦苇丛生,便于逃跑。张良的计谋堪称完美,遗憾的是,大铁锤最终差之毫厘,没能杀死秦始皇嬴政。

刺杀没有成功,张良却因此声名鹊起,在秦末群雄奋起之前捞足了政治资本。

2. 暗流涌动的大秦帝国:越伟大,越艰难

张良为什么能逃脱?一方面是个人本事,另一方面是因为

当时旧六国普遍存在一种反秦的情绪。

秦始皇嬴政效仿秦孝公,在全国范围内推行商鞅以来的法家政策:削弱旧贵族,加强君主专制,依军功提拔新贵。

嬴政废除了分封制,建立了一套自中央到地方的郡县制和官僚制。初分全国为36郡,之后随着土地的扩大增至46郡,定咸阳为国都。中央政府最高的官僚是丞相、御史大夫和太尉,称"三公"。地方郡的长官为守,县的长官为令。郡县制初步打破了血缘关系的宗法制,官僚制则代替了贵族的世袭制。

为了巩固政权,秦始皇还实行了一系列的政策:统一文字,统一货币和度量衡,修筑长城、驰道和直道,强迫旧六国富民和平民迁徙。为了防止旧六国贵族依持宗族死灰复燃,嬴政强迫他们迁徙到咸阳,令他们看护皇陵,或者将他们和一些平民一起,迁徙到西南边远地区,去做开矿、开盐井之类的苦役,史称"迁虏"。

因此,这一套改革下来,利益损失最大的是旧六国的贵族。他们和平民们的认知依然停留在分封制阶段,对新制度极度不适应。由此产生的文化隔阂,以及对于故国的怀念,形成了反秦的社会基础。作为其中代表的张良,更是在秦末的起义中大展身手,成为推翻秦朝统治的主要力量之一。张良刺秦后能够顺利逃脱,并在全国大搜捕中独善其身、逃亡多年不被发现和检举,和当时反秦的社会风气密切相关。

秦帝国的新体制,固然被旧六国贵族抗拒,却得到了历史的认可。在古代中国，这是一套极其高效的制度。

这套制度的效率到底有多高呢？2002年，一口废井里出土的竹简，让我们看到了那个伟大时代的冰山一角。

里耶秦简，即发现于湖南湘西土家族苗族自治州龙山县里耶镇的竹简，共37 000多枚，有文字20多万。大部分简牍记载了秦始皇统一中国后的事迹，其范围从秦王政二十五年到秦二世二年（公元前222年至公元前208年），一年不少，详细到日。其内容主要是洞庭郡迁陵县的档案，包括祠先农简、地名里程简、户籍简等，涵盖秦朝官职设置、签署公文、人口管理、经济管理、司法管理、物资管理等方面。秦之一统，不过短短十多年，比之于整个文明史，十分短暂。我们能在数千年后发现如此规模的文字实物，可以说非常幸运。

湖南里耶秦简展现出了秦帝国令人惊叹的运转效率，我们可以一起来看看。

简牍一："廿七年四月癸卯水下十一刻，刻下九。求盗簪袅阳城辰……"

这枚简牍记述的是秦始皇二十七年四月癸丑日，洞庭郡迁陵县发生的事情。"水下十一刻，刻下九"即事情发生的时刻，是漏壶水下十一刻九分。秦代漏壶设计为十二刻，每刻再分为十分，分以下的时间单位以分钟计。事情的发生时间，精确到分钟，这种记事的精准度在秦朝之后两千多年的朝代里几乎是奇迹。

简牍二:"四月丙午朔癸丑,迁陵守丞色下少内:谨案致之,书到言,署金布发,它如律令。欣手。四月癸丑水十一刻:(刻)下五,守府快行少内。"

这枚简牍是迁陵守丞(即代理县丞)色下达给本县少内(县中收储钱财的机构)的指示。它记录了邮件到达和签收的精确时间,"十一刻:(刻)下五";"快行"二字表明其为急件,必须像今天的特快专递一样,将它快速发出。

此外,秦简对公文收发的记录也相当详细。文书的数量、发送机构、发往地点、何人封印、传递方式、收发时间、文书的持送人等全部被记录在案,而公文收发时间也十分精确。可见,秦帝国已经建立了完善的政令发送体系,县级机构的公文处理及时、准确、安全,整个公文程序运行规范,效率很高。借助通达各城市的直道和一套行之有效的制度,秦国各级政令可以直通全国,快速抵达治理的末梢。

简牍三:"南阳户人荆不更郑不宝,妻曰有,子小上造虒。"

这句话讲的是,两千两百年前南阳有一户人家,户主名字叫郑不宝,享有爵位"不更",他的妻子叫有,两人还有一个未成年的儿子虒。这是什么呢?这个就是户口本,户主、地位、家庭情况,记录得很清晰。

简牍四:"故邯郸韩审理,大男子吴骚,为人黄皙色,隋面,长七尺三寸。"

这句话的大意是,有一个来自邯郸的男子,名字叫吴骚,皮肤有些发黄,椭圆的脸,身高一米七左右。这块木简相当于什么呢?相当于秦朝时的身份证。古代没照相机,也不可能人人都有画像,便用文字记下了人相貌。有了这块简,可以避免冒名顶替,官员检查人口流通时也有依据可循。

不难想见,秦代对流动人口的管理达到怎样的精准程度!千年的时光过去了,吴骚的躯体早已经化为了尘埃,木简上的文字却仍然忠实地记录着他的样貌。

类似的简牍还有很多,生动地记录了大秦帝国的运行脉络。

这些简牍有办案的,从供词到证词,从审讯到调查,从处置到复核,处理过程记录非常翔实,由此可知,当时迁陵官吏严格执法、依法办事的情况。有为亲友谋求公职的(秦代公职可减免赋税),求职者的姓名、经历、推荐人、录用或不录用的原因,都写得很清楚。甚至今天学生们背诵的乘法口诀,你可能以为是十分晚期的产物,其实根据竹简记载,当时就已经在使用了,它是培训官吏的重要工具。

嬴政认为自己的功劳胜过广受尊崇的"三皇五帝",于是,采用三皇之"皇"、五帝之"帝",构成"皇帝"的称号;又因为他是第一个这么做的人,所以自称"始皇帝"。这个称谓,可谓狂到没边了。不过,不论史书如何评价其人,都不能否定其功:秦王朝的管理机制不仅撑起了强悍的大秦帝国,而且奠定了封建王朝的基本格局,从此,一个强大的东方国家开始崭露头角。无怪乎明代思想家李贽,将其誉为"千古一帝"。

在秦以前,没有哪一个王朝曾经直接统治过如此广袤无边的领土,而在这片辽阔的地域里,分布着文化上同源但已经逐渐分化的东周列国。要在全国范围内建立一套高效的新型体制,十多年的时间是远远不够的,至少需要两代甚至三代人。可惜,上天没有给秦王朝这个机会。

建立新时代不是一蹴而就的,常常会遭遇旧势力的反扑。在中国历史乃至于世界历史上一次又一次地得到印证。战国时的李悝与吴起如此,秦始皇嬴政也是如此。直到汉武帝独尊儒术,为"一买家社会"打上终极"封印",其后虽有强调血统的晋王朝,但幸有推行科举的隋王朝,这一制度才最终成熟。

正是"一买家社会",让中国的封建王朝在当时的世界范围内强势崛起,成就了其一千多年的辉煌。

但当时秦始皇统治下的秦帝国,虽然是个极其高效的"一买家社会",却潜伏着巨大的危机:秦帝国好像一台靠外部蛮力驱动的巨型机器,虽然精密高效,但缺乏润滑,散架是迟早的事。原因其实也很简单,有一样关键的东西它没有统一,那就是人民的思想。

真正运行良好的社会,应该统一思想、上下一致,只有这样才能有强大的内在驱动力。

3. 独尊儒术:"一买家社会"的终极封印

嬴政统治下的秦帝国,从统治者的视角看起来是非常完美的：皇帝作为唯一的买家，统管一切。人、财、物达到了空前的大一统，在整个国家体系内畅行无阻。

但对百姓来说，这一套体系则非常严苛。办事精确到分钟，很多现代国家也难以做到，更何况旧六国之民众？在被秦王占领之前，民众过的还是《诗经》里所描述的那种四平八稳、优哉游哉的生活。

经历不同，想法就不同。秦国能施行的法度，在其他六国不一定能推行下去，起码不可能立刻完成转变。因此，遭遇一些反弹是必然的。

嬴政是怎么对待民众怨言的呢？他用了一种非常简单粗暴的方式——直接压制。不服，那就打到你服。

秦始皇三十四年（公元前213年），博士齐人淳于越反对郡县制，要求根据古制分封子弟。这是又要回到论血统的"无买家社会"的节奏，嬴政当然不干。

丞相李斯知道嬴政想的是什么，他对淳于越的上书大加驳斥，并主张禁止百姓以古非今，以私学诽谤朝政。秦始皇趁势下令焚烧《秦记》以外的列国史记，对私藏的《诗》《书》等，也限期交出烧毁；有敢谈论《诗》《书》的处死，以古非今的灭族；禁止私学，想学法令的人要以官吏为师，这就是"焚书"。

秦始皇三十五年（公元前212年），方士卢生、侯生等替秦始皇求仙失败后，私下谈论其为人、执政等，之后携带求仙用的巨资出逃。秦始皇知道后大怒，迁怒于所有方士，下令在京城搜查审讯,抓获四百多人并全部活埋,这就是"坑儒"。

本质上,"焚书坑儒"是为了压制民众思想。然则,行为可以强制,思想却很难强求。民众慑于秦军军威,表面上暂时不敢怎样,但心底对这一套显然是不认同的。

以外力压制,需要巨大的成本。嬴政在世的时候尚能凭借个人威势和能力勉力维持,等他一死,曾经强盛一时的秦帝国很快就分崩离析了。

可以说,统治阶层与社会大众、秦国与旧六国民众思维方面的割裂,直接导致了秦王朝的覆灭。那高效的"一买家社会"真的能在华夏大地落地扎根吗?至少在当时,是不太现实的。

秦末乱世尘埃落定后,汉王朝成为新的大一统王朝。接手嬴政的汉高祖刘邦是怎么做的呢?早在攻占咸阳的时候,刘邦就给了一个初步的答案:约法三章。"与父老约法三章耳:杀人者死,伤人及盗抵罪。"杀人者处死,伤人者抵罪,盗窃者判罪——真的这么简单?真的就这么简单。

秦帝国那一套精密却压抑的管理体系消弭于无形,民众身上的桎梏忽然间就松开了。因此,汉王刘邦很快就得到了万民拥戴。

刘邦死后,汉王朝经过一段时间的动荡,爆发了诸吕之乱,丞相陈平、太尉周勃与朱虚侯刘章等宗室大臣共诛诸吕,迎立刘恒为帝,即汉文帝。其后,汉景帝刘启即位,朝政逐步稳定下来。

这几位皇帝都吸取了秦灭的教训,推崇黄老之术,即采取轻徭薄赋、与民休息的措施,减轻农民的负担,以便恢复和发展农业,稳定统治秩序。此外,他们提倡节俭,重视"以德化民",使得社会比较安定,经济得到发展。因而,文景时期历来被视为封建社会的盛世,史称"文景之治"。

然而,随着时间的推移,黄老之术的弊端也日渐暴露出来。受"清静无为"思想的影响,在外交上,汉朝统治者对匈奴采取和亲政策,一味忍让,致使匈奴日益骄横,对汉朝边境的骚扰越来越频繁;在内政上,缺乏制度建构,以至于汉景帝时"富者连田阡陌,贫者无立锥之地",土地兼并现象严重;皇帝对地方诸侯也不能有效制约,致使后者势力不断扩张,对中央朝廷构成了很大的威胁,汉景帝时的"七国之乱"就是典型例证。此外,黄老之学不注重君尊臣卑,没有什么"君唱臣和,主先臣随"之说,立国将相们往往恃功自傲,屡屡挑战帝王的权威。汉惠帝时,丞相曹参坚持萧何成规,政治上无所进取,汉惠帝指责他不理政事,他居然暗示惠帝不要干预他的职权。汉文帝问丞相陈平关于钱谷的事,陈平甚至说此事无关丞相之责,拒绝回答,脸上毫无愧色。

大汉王朝,看似四海升平,实则内忧外患,潜藏着不小的危机。松散的治理结构,已经开始严重制约新兴王朝的发展。

就在这个时候,雄才大略的汉武帝登上了历史舞台。

汉武帝刘彻刚登上皇位的时候,还只是个16岁的孩子,帝国的主导权掌握在他祖母窦太后手里。不过,窦太后遵循的黄老之学,不合刘彻的口味——汉武帝刘彻想要的,也是秦始皇那一套。

然而,不管是在朝堂之上的王公贵族、文武百官,还是处江湖之远的普通老百姓,都对秦始皇的苛政心存抗拒,直接套用嬴政那一套肯定行不通。那怎么办才好呢?

刘彻是个聪明人,知道硬来只会适得其反。最好找一套让所有人都能接受的说辞。那么诸子百家,该找哪一家呢?刘彻没有挑花眼,他其实一早就计划好了:儒家。当年的儒家可不是今天的儒家,当时的孔子学说旗帜鲜明地维护血统论、希望恢复周代礼制,因此既可以用之号召天下,又能掩饰自己的真正想法。

16岁的半大孩子真的能想得这么深远吗?然而还真不能小看刘彻,中国历史上几位具有雄才大略的帝王里,他绝对可以位列其中之一。

刘彻在即位的第一个月(建元元年十月),就下诏要各地举荐"直言敢谏之士"。各地推荐上来一百余人,刘彻每个人都见了,亲自策问"古今治乱之由,长治久安之道"。董仲舒、严助等一批名臣,就是这时从平民中破格擢拔的。

历史上的少年天子不算少,但有这种气魄、决心和韬略的,还真数不出几个。所以我们才说,刘彻的计划是既定的。在改变社会机制这件事情上,并不是臣子们说服他的,其实他自己才是真正的主持者。

就这样,刘彻开始了他的大计。为了逐步在社会上建立尊儒崇古的风气、树立自己的权威,在《汉书·刘彻传》中记载他做了几件事。

第一件是鼓励孝道。建元元年(公元前140年)四月,刘彻下诏励孝:"为复子若孙,令得身帅妻妾遂其供养之事"。

第二件是礼神。建元元年五月,刘彻下诏:"河海润千里,其令祠官修山川之祠,为岁事,曲加礼"。

第三件是就国除关。"欲设明堂,令列侯就国,除关,以礼为服制,以兴太平"。"列侯就国",就是有封国的诸侯回到自己的国土上去。"除关",就是解除进入函谷关的关禁,以彰显天下太平。

这三件其实都不算什么大事,但第四件事——检举,却带来了不小的影响。

检举不是谁都检举,而是检举皇族宗室及诸窦违法者。"宗室"就是刘姓皇族,"诸窦"就是窦氏宗族。简单来说,检举制度就是鼓励检举皇亲国戚中违法乱纪的人,以维护社会稳定,巩固中央集权。

这下彻底昭示了刘彻的野心——他要做真正的天下共主,全天下最大的大"买家"。一上台就这么气势逼人,刘彻"千古一帝"的名号还真不是白叫的。

建元二年,赵绾为提升君权、压制后权,提出国家大事不必奏报给窦太后。这下娄子可就捅大了。刘彻新皇登基三把火,本来就让黄老派很不满,只是勉强忍耐。但夺窦太后的权,是可忍,孰不可忍?!

窦太后忍无可忍,罢免了窦婴、田蚡,将赵绾、王臧逮捕入狱,并任命许昌为丞相、庄青翟为御史大夫。至此,建元新政——刘彻的第一次尝试——宣告失败。

经过这次的打击,汉武帝学乖了,他深刻地意识到窦太后的强大,进而想出一个成功的秘诀:熬。比起年老的窦太后,他时间充裕得很。

建元六年,窦太后去世。刘彻终于等到了自己的机会。

第二年,也就是元光元年(公元前134年),刘彻诏贤良对策。他把不治儒家《五经》的太常博士一律罢黜,提拔布衣出身的儒生公孙弘为丞相,优礼延揽儒生数百人。这就是历史上有名的"罢黜百家,独尊儒术"。

刘彻所尊的"儒"到底是个什么"儒"呢?

董仲舒的对策中提出了三纲原理和五常之道,即我们常听到的"三纲五常"。

"五常"即为仁、义、礼、智、信。孔子提出:"仁者,人(爱人)也,亲亲为大;义者,宜也,尊贤为大;亲亲之杀,尊贤之等,礼所生焉。"这即是"仁、义、礼"。孟子提出:"恻隐之心,仁也;羞恶之心,义也;恭敬之心,礼也;是非之心,智也。"这就是"仁、义、礼、智"。董仲舒在孟子的基础上再加上"信",形成了"五常"。五常关乎个人修养和社会公德,的确为儒家所提倡,没什么问题。

问题在于"三纲"。董仲舒的"三纲"表面上看起来脱胎于孔子的"君君、臣臣、父父、子子",但其中的差别可就大了。孔子倡导在什么位置就应该有什么样子,"君君"就是国君应该有国君的样子,是一种"各司其位"的概念;然而董仲舒在《春秋繁露》中所说的"君为阳,臣为阴;父为阳,子为阴;夫为阳,妇为阴",含义却大不相同。后者是一种明确的主从关系,以至于渐渐演变成著名的"君为臣纲,父为子纲,夫为妻纲"这"三纲"。

"三纲"的源头其实不是儒家孔子,而是法家韩非子。韩非子在《韩非子·忠孝》中提出:"臣事君,子事父,妻事夫,三者顺则天下治;三者逆则天下乱。"

所以,刘彻所尊的"儒",其实是儒家的皮、法家的骨。尤其是"三纲",依照君臣、父子、夫妻的主从关系,环环相接,可以延展形成一个严密的、以国君为唯一集权者和唯一大买家的社会体系!这才是"独尊儒术"的厉害之处。

可以说,商鞅变法奠定了秦王朝的制度基础,但秦朝没能在意识层面达到统一,因而快速崩溃。而刘彻借用当时社会接受度最高的儒家学说,真正让"唯君王独尊"的一买家思维模式深入人心。从这个角度来说,刘彻堪称古代中国崛起于世界东方的最大推手。

4. 虽远必诛:东方文明的强势崛起

斯塔夫里阿诺斯在《全球通史》里这样评价中国的汉朝:"早

在汉代,中国已成功地赶上欧亚大陆其他文明,而现在,即中世纪时期,中国则突飞猛进,仍是世界上最富饶、人口最多、在许多方面文化最先进的国家。"①

可以说,汉朝开启了一个伟大的时代。它不仅确立了之后中国两千年未曾大改的政治体制,而且影响着所有中国人的精神风貌,甚至决定了中国人口最多的民族的名称——汉。刘彻的文治武功,在中国乃至世界文明史中留下了浓重的一笔。不过在我看来,独尊儒术、开启"一买家时代",才是他最伟大的成果。正是这一成果,使得中国强势崛起,在接下来的一千多年里,执牛耳于世界的诸多方面。

从汉武帝施行"独尊儒术"的政策开始,名将迭出,国家疆域大为扩充。卫青和霍去病远征大漠、封狼居胥、威震北疆;路博德、杨仆平定南越,收复岭南;杨仆、荀彘率军攻破卫满朝鲜,设立汉四郡;张骞通西域,设西域都护府……"一买家社会"的强大动能,让刘彻的大汉帝国爆发出无往不利的巨大能量。连出使匈奴的一介书生苏武,在面对匈奴王的时候都能面不改色地直言:"南越杀汉使者,屠为九郡;宛王杀汉使者,头县(悬)北阙;朝鲜杀汉使者,即时诛灭。独匈奴未耳!"这番话说得匈奴王无言以对,最终还是没敢动手杀苏武。而元帝时的名将陈汤,更是在奏折上写下了"明犯强汉者,虽远必诛"的豪言。这充分展现了

---

① (美)L. S. 斯塔夫里阿诺斯.《全球通史:从史前史到21世纪》,第7章 中国文明,上海:上海社会科学院出版社,1988年。

刘彻的"一买家社会"对于战争资源和人力强悍的调动能力。

而在文治方面,汉代的《史记》与《汉书》是中国古代史学的典型代表,乐府诗词至今仍脍炙人口,司马相如的《子虚赋》《上林赋》、张衡的《二京赋》等,都是千古传颂的文学名篇。蔡伦改进了造纸术,制作出现代意义上的纸,从此在中国古代的四大发明中占有一席之地。张衡制作的候风地动仪,是世界上第一台能够测定地震方位的机器。落下闳等人制定的《太初历》,第一次将二十四节气订入历法。华佗发明麻沸散,成了世界上最早采用全身麻醉的医生。公元前一世纪的《周髀算经》及东汉初年的《九章算术》,则是数学领域的杰作。丝绸之路的开辟,更是让东西方常态化的商贸往来成为可能。

汉代也是中国最早进行瓷器烧造的时代。这个时期还发明了蒸馏法、水力磨坊、现代马轭和肚带的原型、漆器、用于冶金的往复式活塞风箱、独轮车、水车和吊桥等。两汉时期还展现出独特的彩绘工艺,如马王堆所出土的帛书彩绘,各种生活用品齐全。

当然,汉朝也没能逃出历史周期律,最终在三国的混战中覆灭。之后,中国经历了长达数百年的纷乱,仅西晋时有过数十年的短暂统一。大一统王朝长时间缺位,导致"一买家社会"部分倒退,认血统的"无买家社会"和认能力的"一买家社会"相互混杂。直到新的大一统王朝隋朝确立了科举制度,才让更精细化的"一买家社会"建立成型。

第二部分

"一买家社会"的调整变革及"多买家社会"的诞生

> 【内容摘要】 随着西方资本主义萌芽和商品经济的发展,"一买家社会"的管理形态和激励模式,已经不能满足发展的需求。社会发展呼吁新的生产模式和管理模式。登上美洲新大陆的冒险家们本着"互相制约""互相尊重"的前提,制定了他们在新大陆上的合作契约。至此,"多买家社会"形态初步成型。

第四章

狼哺之城：古罗马的兴起与衰落

约在东周及秦汉，东方崛起的同时，遥远的地中海亚平宁半岛上也兴起了一个强势文明——古罗马。

古罗马的文明史大体可以划分为三段：罗马王政时期、罗马共和国时期、罗马帝国时期。如将西罗马帝国作为终点计算，古罗马文明在历史上存在了一千多年，而以东罗马帝国（拜占庭帝国）作为终点计算，古罗马文明存续超过两千年！放眼世界，能存续这么久的文明，几乎是屈指可数。

罗马不是一天建成的，罗马史也不是一天就能讲完的。古罗马经历了多次的文明堆叠和社会嬗变。从王政到共和国再到帝制，每一次嬗变都让古罗马更加强大。

然而，看似强大到不可战胜的古罗马，对内，存在着一直未能解决的固疴；对外，始终面对外族的冲击。固疴久未治愈的隐患，最终让古罗马毁于外族之手。

随着社会治理结构的变化，在西罗马帝国灭亡之后，欧洲进入了漫长而黑暗的中世纪。而东罗马帝国在盛极一时后也逐渐衰落，最终亡于奥斯曼土耳其帝国的铁蹄之下。

1. 北非劲敌：雪山之巅的非洲战象

亚平宁半岛的北部，是高耸入云的阿尔卑斯山。作为一座难以翻越的巨大屏障，终年积雪的阿尔卑斯山直接隔断了从古罗马通往欧洲内陆的陆路通道。

如果阿尔卑斯山上真有神灵的话，他会在公元前218年10月的一天，看到一幅人类历史上绝无仅有的奇特景象——在这人迹罕至的雪山之巅，十多头全副武装却瘦骨嶙峋的非洲战象和一支疲惫不堪、衣衫褴褛的军队，正在崎岖狭窄的山路上蹒跚而行，队伍蜿蜒长达数里。对生活在热带的非洲象而言，这也许是第一次出现在白雪皑皑的高山之上。站在海拔三四千米的山顶上，将帅和士兵们可以俯瞰亚平宁半岛上的山川与河流，而那座被称为永恒之城的古罗马城，已遥遥在望。

这支拥有战象的军队来自遥远的北非古国迦太基，统帅是赫赫有名的汉尼拔·巴卡。汉尼拔出身巴卡（Barca）家族，父亲是哈米尔卡·巴卡，下面又有两个弟弟，四人都是迦太基名将。

巴卡家族是迦太基贵族,"巴卡"在腓尼基语中的意思是"闪电"。汉尼拔统帅的军队,也正像闪电一样,迅捷威猛、气势凌厉。

汉尼拔出生于公元前247年的迦太基。他的童年正处于第一次布匿战争时期(罗马人称迦太基为"布匿",古罗马与迦太基的战争一般被称为"布匿战争")。迦太基在战争中败给了古罗马,失去了西西里岛。古罗马虽是战胜国,但并不满足,仍然盯着迦太基本土和它的殖民地。和约签订不久,古罗马就违约从迦太基手中夺取了科西嘉岛和萨丁尼亚岛,后来又以清剿海盗为名入侵西班牙。古罗马的连番挑衅,让迦太基感到如芒在背。公元前237年,为改善祖国的前景,汉尼拔之父哈米尔卡·巴卡出兵征服西班牙。根据古罗马著名历史学家提图斯·李维在《罗马史》中的记载,当时才九岁的汉尼拔央求与父亲同行。父亲提出了让他同行的条件,即他要跪在祭坛前发誓:长大成人后,一定要成为罗马誓不两立的仇人。

哈米尔卡·巴卡去世之后,汉尼拔的姐夫哈斯德鲁巴采用怀柔政策,继续在西班牙开疆扩土,汉尼拔从哈斯德鲁巴身上学到了不少政治手腕。在哈斯德鲁巴遇刺身亡之后,汉尼拔接过了父亲的衣钵,成为西班牙执政官。

汉尼拔上任后,迅速征服了诸多西班牙土著和凯尔人的部族,将这些蛮族勇士纳入了自己的军队。作为核心主力的北非士兵,也在一系列恶战中获得了锤炼。汉尼拔虽然勇猛,但并不是莽夫,他没有一味诉诸武力,而是恩威并施,除了军队的威慑外,他也在当地收买各类支持者。

做这一切的同时,他没有忘记自己的誓言:他的终极目标,不是独霸伊比利亚半岛(西班牙所在半岛),而是征服古罗马。汉尼拔拟订了古代战争史上少有的作战计划,既周密又详尽;还暗中派了许多使者,争取让那些对古罗马心怀不满的古希腊城邦站在自己一边。

接下来两年里,汉尼拔完成了对伊比利亚半岛埃布罗河以南的征服,巩固了自己在迦太基的声望。随后,他认为古罗马人与西班牙城市萨贡托的结盟违反双方条约,于是出兵包围萨贡托。古罗马向迦太基的元老院施压,但元老院早被汉尼拔说服,表示占理的是汉尼拔。得到国内支持的汉尼拔率军攻下萨贡托,将城内多数成年男子杀害,以劫掠的财富犒赏雇佣大军。这样一来,迦太基与古罗马的新一轮全面战争已经无可避免。

古罗马的主力部队当时在东方的伊利里亚,汉尼拔决定趁古罗马国内空虚时先发制人,开始公开备战。大量来自内陆山地的部落民加入他的军队,北非的迦太基本土也派来了增援力量,甚至有幕僚从遥远的斯巴达赶来为他效力。

古罗马通过战争和外交,取得了对西西里岛、撒丁岛、科西嘉岛等岛屿和领海的控制权,西班牙到意大利的海路可以说被全面封锁。再者,迦太基虽以海洋制霸起家,却在第一次布匿战争中失去了所有的海军,还被迫签约放弃拥有海军的权利。因此,汉尼拔决定放弃海上登陆计划。而从陆路进击古罗马,就要经过一条从来没有其他军队尝试过的路——翻越阿尔卑斯山。

有人曾这样描写汉尼拔:"没有一种劳苦可以使他的身体疲乏或精神颓丧。酷暑也好,严寒也好,他一样受得了。无论在骑兵还是步兵里,他总是把其他人远远地抛在后面,第一个投入战斗,交战之后,最后一个退出战场。"

靠着坚韧不拔的意志、卓越的口才、无与伦比的智慧和灵活的外交手段,汉尼拔终于率领他的大军抵达了终年积雪的阿尔卑斯山顶。下山之前,汉尼拔对手下将士们说:"你们跨越的不仅是意大利的天然屏障,也是罗马城。"然而,大量积雪和恶劣天气让下山变得比上山更加艰难,许多士兵、马匹和战象滑落掉下了悬崖。

最终,汉尼拔的军队以高昂的代价成功翻越了阿尔卑斯山。800多公里的山路,他们只用了33天。出发时,汉尼拔拥有近4万名步兵、8 000骑兵和数十头战象;下山后,部队只剩下2万步兵、6 000多没了马的骑兵和寥寥几头战象,而且,大部分士兵和军马被折磨得身形消瘦、行动迟缓。

幸好,对古罗马统治不满的高卢部落前来投奔,汉尼拔重新得到了充足的人力和马匹。修整过后的迦太基远征军,如同神兵天降一般出现在意大利北部。元老院接到这个令人震惊的消息后,不得不放弃侵略非洲和西班牙的计划,集中兵力保卫意大利。

在汉尼拔的率领下,迦太基远征军连续击败了执政官科布列阿斯·西庇阿和森普罗尼亚。尤其是在第二次的特雷比亚河战役中,汉尼拔以仅伤亡400人的代价,将4万罗马军队打得只剩1万人。其后进行的康奈战役,汉尼拔又以步兵4万、骑兵1.4万人,击败了当时步兵8万、骑兵6 000的罗马军团。罗马军队损失合计7万余人,而汉尼拔损失不到6 000人,创造了古代军事史上以少胜多的辉煌战例。除此之外,汉尼拔在意大利还取得了多次重要胜利,在亚平宁半岛上纵横无敌。

然而,罗马毕竟是罗马,家底雄厚,他们经得起军力的损耗,而没有根据地的汉尼拔即使损耗再小,兵力也是越打越少。古罗马制定了面对汉尼拔的最佳策略——避其锋芒、磨其精锐。他们采用坚壁清野的战略,不与汉尼拔正面作战,而是逐渐消耗汉尼拔的军队。

汉尼拔迟迟等不来本土的援军,他的二弟哈斯德鲁巴·巴卡在意大利北部的梅陶罗河战役中被古罗马军队击败身亡,三弟马戈·巴卡在利古里亚的行动也宣告失败。及至与马其顿国王腓力五世的谈判破裂后,汉尼拔征服意大利的计划终于不可挽回。征战将近十五年后,汉尼拔被迦太基政府召回北非。古罗马再一次化险为夷。

汉尼拔是古罗马史上极其严重的威胁之一,幸好强大的国力和韧性让古罗马安然度过。经受了多次冲击的古罗马,尽管有时候有些狼狈,但依然屹立不摇。

汉尼拔正如与他同时期的西楚霸王项羽一般,是天生的军事统帅,有着无与伦比的战斗力。不过,历史不讲个人英雄主义,个人的武力与谋略敌不过刘邦的"约法三章",也敌不过罗马的《十二铜表法》。与一个蕴藏伟力的社会制度相比,强大的军队即使纵横一时,也难以阻挡历史的滚滚洪流。

2. 光荣属于希腊,伟大属于罗马

19世纪美国著名诗人和小说家爱伦·坡,在《致海伦》中写道:"To the glory that was Greece and the grandeur that was Rome."[1]这两句诗的本意是赞扬希腊的华美壮丽和罗马的宏伟辉煌,其传阅最广的翻译是"光荣属于希腊,伟大属于罗马"。

古希腊是西方文明的源头之一,苏格拉底、柏拉图、亚里士多德,仅仅这三个名字就足以彰显古希腊人的无上荣光。而盛极一时、建立起跨亚欧非三大洲的大帝国的古罗马,自然也能当得起"伟大"二字。

古罗马城位于亚平宁半岛的中部、第伯河的东岸,靠近拉丁姆和伊达拉利亚的交界处。周围土地肥沃,足以支持较多的人口;通过第伯河可以到达地中海和各国进行贸易。因此,古罗马具有天然的优势地理位置,控制了意大利中部地区海陆交通的枢纽。

---

[1] (美)爱伦·坡著,曹明伦译:《爱伦·坡诗选》,北京:外语教学与研究出版社,2013年。

"罗马"之名据说来自古代英雄、第一任罗马王罗慕路斯。传说,他和他的孪生兄弟勒摩斯是战神马尔的私生子。传说罗慕路斯被扔进第伯河,神灵将其救起,还让一头母狼以奶喂养两兄弟。长大后,罗慕路斯建立罗马城,开启了古罗马文明。

古罗马文明包括罗马王政时代(公元前753~公元前509年)、罗马共和国(公元前509~公元前27年)、罗马帝国(公元前27~476年/1453年)三个时期。其疆土基本扩张于共和时代,公元前2世纪,罗马成为地中海霸主;公元1世纪前后,成为横跨欧亚非、以地中海(面积达250多万平方公里)为内海的庞大帝国。直至公元395年,罗马帝国分裂为东罗马帝国和西罗马帝国两部分。随后,西罗马帝国在公元476年灭亡,欧洲进入黑暗的中世纪;东罗马帝国则继续延续了近一千年,直到1453年亡于奥斯曼土耳其帝国之手。

"伟大属于罗马"这话可不是随便说说的。古罗马的伟大时至今日依然可以看到:古罗马人是古代社会中顶尖的城市规划师、建筑师和工程师,他们留下了屹立至今的很多伟大建筑。

和秦帝国一样,为了维护庞大帝国的统一,古罗马人需要拥有优良的道路,以方便军队迅速调动布防。在他们所修建的道路中,有一些至今仍在使用。

古罗马人精良的供水和排水系统堪称古代的巅峰之作,其中有一些至今仍可以正常使用(如西班牙塞哥维亚的罗马大渡槽)。但这些系统的伟大之处,不仅在于坚固,还在于功能的完

第四章 狼哺之城：古罗马的兴起与衰落

备、设计的精巧。

供水系统被认为是古罗马辉煌的奇迹之一。古罗马拥有古代社会最完备的引水渠网，其扩张所至也是引水渠所到之处，这几乎成了古罗马向外扩张的标志。古罗马的工程师，在任何可以稳定获取水源的地方，都因地制宜地建设了供水渠道。虽说其目的，主要不是为居民提供饮水或改善城市的生存质量，而是为居民提供逃生通道或满足军事需求。不过，论功能，其他供水系统能做到的，它都能做到。家庭可以从中取水，磨坊主可以用它推磨，城市的管理者可以凭此定期浇灌花园、建设喷泉景观，乃至组织水上表演。

被火山灰掩埋的古城庞贝较好地保留了当时的建设原貌。庞贝把位于塞里罗的奥古斯丁水渠的一条支流引入城市，为庞贝市的公共澡堂、私人住宅，特别是公共喷泉系统提供水源。在庞贝古城的大街上，每间隔100米就有一个水池，人们走路不超过50米就可以取到水。这么短的取水距离，在古代令人叹为观止，甚至连当代的一些国家也未能做到。在整个罗马帝国时期，罗马城中的人们每天可以享用1 100升的水，而当今社会，一般居民用水每人每天仅为200～300升。

古罗马城的排水系统也非常了不起，充满环保意识。比如，城市中的公共厕所一般建在浴室附近或在浴室里面，既方便人们进入，又有源源不断的浴后水可用——古罗马已经有用流水冲洗厕所的做法。在罗马帝国时期，充沛的供水系统不仅能保证公共澡堂的运营,而且有余力支撑公共喷泉。后者除了观赏,还可以清洗街道。为了解决喷泉水溢到路面上影响通行的问题,城内还画有帮助人们跨越街道的三维斑马线。

可以说,古罗马的渠道建设和管理,跟现代没有太大的不同。实际上,现代有许多相关技术和理念便来自古罗马。

古罗马的建筑业同样是相当神奇的存在。当时的制砖业非常发达,帝国的军团经营着窑炉,烧出的砖块比现在的更大、更重。带有军团印记的砖块销往罗马及其他城市,无论是在公共建筑还是私人建筑中都能找到它们——德国最古老的城市特里尔的君士坦丁大教堂,就是采用罗马砖建成的。

古罗马人还发明了一样比砖头重要得多的建筑材料:混凝土。是的,你并没有看错——混凝土并不是现代人的发明,而是两千年前古罗马建筑工程师们发明的。当时的工程师,用火山灰、石灰、海水和块状火山岩石混合制作混凝土。这种混凝土的质量和寿命甚至远远超过今天的混凝土。如今常见的由硅酸盐水泥(即波特兰水泥)制成的混凝土,寿命一般在百年左右,至多也就数百年,而用古罗马混凝土建造的万神殿等已经在罗马城中矗立了两千年,几乎完好无损。其理论寿命与岩石类似,可达数千年甚至万年之久!罗马被称为"永恒之城",也许这是最重要的原因。

古罗马人用他们杰出的建筑智慧和混凝土技术,建造了很多伟大的建筑。其中较为知名的,当属古罗马斗兽场和万神殿。

古罗马斗兽场是古罗马所有角斗场中面积最大的,可以容纳9万人。作为对比,北京奥运的主体育场——鸟巢体育场,座席为9.1万个,而全球超过10万座席的现代体育场也为数不多。在两千年前完成这样宏伟的建筑,可能只有古罗马人能办到了。而相对不太知名的马西莫竞技场,则是古罗马最大的环形战车竞技场,虽然不如古罗马斗兽场宏伟,但可容纳的观众人数仍达到了惊人的25万。奥斯卡获奖最多的史诗电影《宾虚》,实景还原了古罗马的环形战车竞技场,从中可以一睹当年的壮阔景象。

万神殿更是在建筑史上享有盛誉。它拥有一个直径为43.3米、没有任何支柱的超级大穹顶,一度是世界上穹顶最大的建筑。直到1960年,才被在罗马所建的圆顶直径达100米的新体育馆超过。换句话说,其世界纪录足足保持了近两千年!

而在西罗马帝国覆灭之后,欧洲缺乏一个强有力的政权。封建割据带来了频繁的战争,天主教对人民思想的禁锢,造成科技和生产力发展停滞,人民生活在毫无希望的痛苦中,欧洲进入了"黑暗时代"。

如今的我们,在斗兽场、万神殿依然可以感受古罗马的永恒,那是一种战胜了时空的气度。因而,不难理解中世纪人们对于古罗马时代的怀念。正是这种强烈的怀念,后来催生了文艺复兴。

3. 古罗马"一买家社会"的嬗变

说起古罗马的皇帝,人们最熟悉的无疑是恺撒了。其实最初的独裁者并非恺撒,而是苏拉,而真正使得罗马走向君主独裁帝制的,则是马略。

古罗马经历了三个时代:王政时代、共和国时代和帝国时代。

公元前1世纪中叶的古罗马作家瓦罗推算罗马城建立于公元前753年。这一日期为古罗马人普遍接受,并且相信他们在建国之初受到了7个国王的统治。

公元前510年,最后一位国王"傲慢者"塔克文被古罗马人民驱逐,城邦的君主制结束,共和国取而代之。罗马共和国由贵族建立,政治制度在很大程度上为他们服务。50个贵族氏族,论数量不到自由民的1/10,但他们经济实力雄厚,相互之间联姻,政治关系密切,控制着国家的主要权力机构。早期共和国的政体比较简单,真正掌握实权的是执政官和元老院。两位执政官任期一年,继承原先国王的权力,坐象牙椅,在官服上有紫色镶边,在战争中像原先的国王一样担任指挥官,并保留了象征其强制权威的"法西斯"。"法西斯"是拉丁文,本义是"束棒",是一种被多根绑在一起的木棍围绕的斧头,由执政官持有,在古罗马是权力和威信的标志。

而原来国王的顾问会议变成了共和国的元老院。执政官负责任命元老院成员,召集他们开会,向他们提交议题。由于执政官任期很短,元老院逐渐由咨询机构变成监督机构,监督执政官的权力范围,影响继任者的选择。贵族垄断了执政官的职位和元老院。两位执政官理论上可以互相否决对方的决定,但实际上,因为双方都是贵族利益的代表者,他们关系十分融洽,难得发生冲突。

在古罗马没有大规模扩张的阶段,这一制度运行得还算比较良好。随着罗马共和国势力的扩张,它很快就不能满足军队与长期战争的需要。

罗马共和国原本施行征兵制,兵源受到财产资格限制,只有贵族阶层和较为富有的平民才能成为军团一员。战争带来的财富很多,却被贵族们瓜分;战场距离本土太远,平民出身的军人便不能兼顾战斗和耕种。战争的结果,可能是贵族们暴富,退役的平民则不得不面对土地荒芜、无力还债的麻烦。因此,平民参军益处不大,反而还可能使得自身利益受损,贵族阶层和平民阶层泾渭分明,社会处在贵族阶层分蛋糕、缺乏阶层流动的"无买家社会"阶段。

随着军事扩张,征兵制很快难以为继。公元前107年,盖乌斯·马略在当选执政官后,对罗马进行了一系列军事改革[①],对古罗马产生了极为深远的影响。

马略废征兵制,改为募兵制,去除参军的财产限制,凡是自愿且符合条件的古罗马公民,包括无财产者,都可以应募入伍。同时,他将军团步兵按照年龄和作战经验,分成三个级别:青年

---

① 朱承思. 马略军事改革内容探析[J]. 载《苏州大学学报(哲学社会科学版)》,1989年第1期。

兵、壮年兵和后备兵；按照等级发给薪酬，并建立了比较完善的晋升制度。军团的服役期限也被固定了下来，凡是参军者，必须在军队中服役20年，后来又增加到了25年。

只要拥有古罗马公民身份，就可以成为军团士兵。这不仅解决了困扰古罗马多年的兵源匮乏问题，也给了所有平民参与战争及晋升的机会。后者对于破产的中产之家和底层的古罗马人来说，具有极大的吸引力。这一制度的施行，让很多平民看到改变命运的希望，大大增强了军队的忠诚度与战斗力。

马略改革的结果就是军事强人的出现。士兵们越来越认可给他们发工资的将领，而远在罗马城的元老院政府则失去了士兵们的最高认同感。在将领需要他们进军罗马，或同政敌的军队进行战斗时，他们会毫不犹豫地行动起来。因此，古罗马在共和国末期，出现了大大小小的军阀式人物。

最终，罗马共和国内部出现了足以控制大部分政治和军事资源的强人。这些强人充分利用马略的改革，依靠军队控制财富，又用财富笼络军队。没有军权或军事资源不足的元老院，就这样被日益边缘化了。最先出现的强人——与马略争夺执政官的苏拉，后来成为第一位独裁者。随着恺撒和屋大维成为最高统治者，罗马开始进入了帝国时代。

罗马王政时期和共和国早期，属于按照血统分配资源的"无买家社会"。然而，不断扩张的罗马遇到了"瓶颈"，原有的分配制度无法激发罗马军团的能力，不得不进行改革。马略的改革打破了世袭的贵族阶层,令军队效忠于唯一的领袖而非原先的元老院,使得罗马进入了皇帝大权独揽的"一买家社会",满足了罗马持续扩张的需求。然而,古罗马并未像中国那样建立一套广为接受的思想体系,因而陷入了军阀持续混战的旋涡,同时为社会退回无买家形态的中世纪埋下了伏笔。

罗马共和国末期,恺撒成为终身独裁官,开始独掌大权,使罗马帝制粗具雏形。公元前44年,恺撒遇刺身亡,遗嘱指定屋大维为其继承人。时年19岁,身在希腊阿波罗尼亚军中的屋大维获悉后,立即行军回到罗马。此时的罗马正掌握在谋杀恺撒的共和派元老布鲁图与卡西乌斯手中。屋大维设法与恺撒的同僚马克·安东尼、雷必达结盟,史称"后三头同盟"。三人开始清理元老院异端,百余名元老和上千名骑士被杀。后来,屋大维剥夺了雷必达的军权,又击败了与"埃及艳后"克利奥帕特拉七世联手的安东尼,成为唯一的巨头。

公元前27年,屋大维巧妙运用政治手腕,对外宣称卸除一切大权,恢复共和制;而后装作迫于元老院和公民的请求,不得不背离共和制,接受绝对权力,成为首席元老(即元首,元首制由此而来)、最高执政官、终身执政官、终身保民官、大祭司长等,自称"第一公民"、最高统帅(或译作"凯旋将军""大元帅"),并获得了元老院授予的"奥古斯都"(意为"神圣的")和"祖国之父"的称号。由此,罗马帝国正式建立。

在罗马帝制时期的一买家时代,古罗马文明逐渐臻于极盛。

到图拉真在位时(98年—117年),罗马帝国达到极盛,经济空前繁荣,疆域也达到最大。此时的罗马帝国,西起西班牙、高卢与不列颠,东到幼发拉底河上游,南至非洲北部,北达莱茵河与多瑙河一带,地中海成为帝国的内海,控制了大约500万平方公里的土地,是世界古代史上国土面积极大的君主制国家之一。

公元395年,罗马皇帝狄奥多西一世于米兰去世,他将帝国分为东西两部分,东部分给长子阿卡迪乌斯,西部分给幼子霍诺里乌斯。从此,罗马帝国分裂为东罗马帝国和西罗马帝国两部分。此时的西罗马帝国,已经开始走下坡路,直至公元476年灭亡,欧洲进入黑暗的中世纪,原本统一的帝国,分裂成数个小国家,权力落在新生的皇帝、国王、公爵等人手里。他们按照血统分封贵族,希望将自己的权力世袭传承。无买家社会再次出现,社会也因此变得万马齐喑、死气沉沉。大多数欧洲国家暗无天日、一蹶不振。

而在东边的东罗马帝国,依然凭借优良的地理位置和强有力的皇权,一直支撑到近一千年后的15世纪中叶。

4. 漫漫中世纪:欧洲的至暗时刻

欧洲中世纪被很多人称为"黑暗时代"。罗马帝国崩溃后,王公贵族割据一方,整个欧洲各自为战,文明严重后退,宗教战乱成了这个时代的主题。

第四章 狼哺之城：古罗马的兴起与衰落

"中世纪"一词，是15世纪后期的意大利人文主义者比昂多开始使用的。这个时期的欧洲缺少一个强有力的政权，封建割据引起频繁的战争；天主教对人民思想的禁锢，造成科技和生产力发展停滞，人民生活在毫无希望的痛苦中。文艺复兴时期的学者，将中世纪看作文明衰落的时期；启蒙运动时期的学者认为理性优于信仰，因此将中世纪视为无知和迷信的时代。

如果光看这些，不能完全理解中世纪，我们不妨穿越，看看我们到欧洲中世纪之后，会面临怎样的情况。

中世纪社会生产力低下，人们的寿命很短。据估计，当时的平均寿命不到40岁，随时都有横死的风险。在那个时代，要比别人活得长，可不是一件容易的事情。

首先遇到的，很可能是恐怖的头号杀手——鼠疫。

鼠疫堪称中世纪的最强杀手。鼠疫又称黑死病，会引起淋巴腺炎，导致全身肿胀，使得皮肤由于血液毒素而变黑。其传染性极强，患者打喷嚏或吐痰时，病菌就能通过飞沫传播；而且病死率极高，以当时的医疗条件，一旦感染，一周内的死亡率高达70%～80%。

在14、15世纪，鼠疫摧毁了很多城镇乡村，导致欧洲的人口锐减。它从14世纪中叶开始在欧洲蔓延，肆虐了西欧和中欧地区，甚至扩展到北欧的斯堪的纳维亚半岛、英伦三岛、西班牙和俄罗斯。数以万计的欧洲人因感染鼠疫而死，身体较弱的儿童更是深受其害。

据统计，这种疾病在当时约导致 5 000 万欧洲人死亡，使得欧洲人口减少了一半。相应地，欧洲的人口平均寿命大幅下降。

避开了鼠疫，是不是就安全了呢？当然不是，前面说不定还有难挨的饥饿等着。

中世纪的农业生产能力非常低下，遇到天灾甚至气候稍有变化，就可能引发饥荒。

最知名的一场饥荒，是 14 世纪初的"大饥荒"（The Great Famine）。从 1300 年开始，地球进入了"小冰河期"，导致欧洲的气温比之前低很多。从 1315 年开始的之后七年里，西欧几乎每年都出现长达数月甚至将近半年的超强降雨期。低下的生产力难以应对恶劣天气，导致粮食储备缺乏和大面积的粮食减产，进而引起长达数年的大饥荒。当时的欧洲可以说饿殍遍地，据统计，仅仅在英国，每七个人当中就有一个人死于大饥荒。

粮食供应稀少，人们只能靠霉烂的小麦和一些浆果维持生活，甚至还有人被迫啃食树皮。极度的营养不良又增加了疾病流行的可能，大饥荒期间，很多人死于肺结核、天花、痢疾等流行病。

躲过了鼠疫、逃过了饥荒，还有一些很容易遇到的大杀手——暴力、仇杀乃至于战争。

中世纪的欧洲，暴力无处不在。上街可能遇到街头暴力，酒馆里常有暴力冲突，在城市里，抢劫、谋杀等各种暴力案件也时有发生。

另外,血亲复仇现象长时间、大范围地存在,一些复仇行为还得到了法律的支持。当时的法国有句谚语:"要么接受长矛,要么收买长矛。"意思就是要么"以血还血"直接报复,要么接受赔偿来了结恩怨。法国历史学家马克·布洛赫说,中世纪的生活,始终笼罩在私人复仇的阴影下。很多家庭因此陷入无穷无尽的仇杀之中,就像莎士比亚的名著《罗密欧与朱丽叶》里的两大家族一样。

家族间的冲突与举国战争,很多时候只有一纸之隔。封建领主是其所统治地区的权力中心,他们之间的争斗既可看作私人恩怨,也可看作领地争端。当各个领主基于信仰和利益结盟对抗时,会将整个国家都卷入战争的泥沼,比如12世纪和13世纪意大利的圭尔夫党(教皇派)和吉卜林党(皇帝派),就进行了旷日持久的战争。

当时的欧洲还奉行攻击异端。中世纪宗教众多,有天主教、东正教、犹太教,以及一些宗教的支派。这些宗教之间,甚至支派之间,相互视对方为异端,流血冲突不断。比如,当时的犹太人就过得很悲惨,整个欧洲的基督教徒们在数百年里一直攻击犹太人。1290年英国约克、林肯、伦敦等城市爆发了对犹太人的屠杀,所有犹太人都被驱逐出英国。

连绵不绝的战争与杀戮在中世纪司空见惯。英国的玫瑰战争,仅仅是其中的一场陶顿战役(1461年),就夺去了数万人的生命。除了内斗,欧洲人还组成十字军征讨异教徒。11世纪末的十字军东征,造成了当时欧洲人口,尤其是青壮男子的大量流失。

中世纪的欧洲,很难寻找一块和平安宁的土地,个人生存面临着各种危机。这和当时社会发展停滞、生产和财富创造乏力有很大的关系。可以说,西罗马帝国崩亡所带来的社会退步,让整个欧洲陷入了长达数百年的至暗时刻。

第五章

欧洲的黎明:从文艺复兴到全盛时代

中世纪的欧洲人,像是生活在沉沉的黑夜里,但他们从未停止寻找光明。

当时间的巨轮推进到 16 世纪,欧洲开启了一个新时代。它群星璀璨——杰出的人物不断涌现,新的思潮层出不穷,影响之深远,在欧洲史乃至世界史上都罕有其匹。这就是我们耳熟能详的"文艺复兴"。

文艺复兴有很多让人惊叹不已的成就,其中某些也许超越了很多人的想象。比如,对仿生机器人的最早讨论,就出现文艺复兴时期的一份手稿中。

如此神奇的事情,也许只能用"有人穿越了"来解释了。

1. 来自未来的穿越者

1994年11月11日，纽约佳士得拍卖行。

佳士得是全球历史悠久、负有盛名的拍卖行之一，它在伦敦第一次落锤拍卖的时候，美国甚至还没有诞生。在之前的两个多世纪里，拍卖师们拍出了无数珍贵的古董和艺术品。而在1994年的这个"双十一"，克里斯蒂拍卖行同样展示了很多珍品，其中最引人瞩目的是一份16世纪的手稿。正是这份手稿，让西方世界几乎所有的藏书爱好者都陷入疯狂。

这部用粉红色墨水书写和绘制的手稿，初看上去像是以某种拉丁字母文字写成，不过，这些文字即使是使用拉丁字母的人也看不懂——因为这份手稿运用了独一无二的镜像书写，所有的文字都是从右往左反着写，只有借助镜子才能将其还原、进行解读。

幸好，手稿中有很多清晰精细的插图，让我们一窥大概。如果你懂得16世纪的意大利文，那么，在镜子的帮助下，你将发现令人惊叹的真相。手稿只有18张、72页（正反面书写，中间对折），却涉猎广泛、逻辑严谨。天文学、地质学、水文学、考古学，甚至光学，手稿无所不包。在其中，缜密的学术推理演绎随处可见，各种发明和新发现更是不胜枚举。

最终，它由当时的世界首富比尔·盖茨拍得，价格达到了惊人的3 080万美元。每一张手稿的价值超过170万美元,可以说是全世界最昂贵的纸了。

从通胀的角度来考虑,20世纪90年代的3 080万美元比如今值钱得多。举个例子,1994年NBA(美国职业篮球联盟)的传奇球星、被誉为"篮球之神"的迈克尔·乔丹年薪仅仅为385万美元,而2019年NBA顶级球星的年薪已经超过4 000万美元。当然美元实际购买力的变化没有这么夸张,1994年的3 080万美元大约相当于2019年的5 300万美元,折合人民币约3.7亿元。将手稿的价格换算为今天的人民币,其每张单价约为2 000万元。不出意外的话,这份手稿的总价和单价,在图书市场都空前绝后。

这部手稿就是大名鼎鼎的《莱斯特手稿》,由意大利文艺复兴时代的全能天才莱昂纳多·达·芬奇,在1506—1510年书写和绘制。

达·芬奇是整个西方艺术史上十分杰出的艺术家之一,他的《蒙娜丽莎》享誉世界。不过,达·芬奇的成就远远不止艺术领域。他不仅是画家、音乐家、雕塑家,还是数学家、解剖学家、天文学家、发明家、哲学家、医学家、建筑工程师,甚至是军事工程师;更厉害的是,在任何一个领域,他都达到了当时的极限,足以青史留名。由于他的才华过于全面与神奇,以至于现代的很多人觉得他不属于那个时代,可能是来自未来的穿越者。

那么,达·芬奇的故事到底是怎么样的?

达·芬奇从小就是一个好奇宝宝,一个会动的"十万个为什么",他总是会思考一些在当时看来很奇怪的问题:为什么鸟可以在空中飞,啄木鸟的舌头到底长什么样子。正是因为如此,他才醉心于科学研究,研究各种领域的知识,绘制各种设计的概念图。

实际上,达·芬奇在科学和工程领域的成就毫不逊色于其艺术作品。去世的时候,他留下大约15 000页笔记,内容既涉及艺术,也涉及科学。其中提到的科学知识,固然属于人类的早期认知,但其精密复杂,足以让当代人赞叹。相比之下,他完成的绘画作品并不多——当然,件件都是不朽之作。就是在绘画的时候,他也没有忘记将科学艺术融入其中,形成鲜明的、美术史上独一份的风格。

达·芬奇曾经写信给米兰的统治者,列出应该给他一份工作的理由。在十个编号的段落中,他精心地说明了自己的工程技能,包括设计桥梁、水道、大炮和装甲战车。在求职信的最后,他才想起来自己也是一个艺术家,于是加了一句:"就像我什么画都能画那样,我无所不能。"

就像他在信里所说的那样,在他的手稿里,我们可以找到很多今天看起来都感到不可思议的东西。

在他的手稿中,记录着人骨的生理结构。这些解剖图本身已精准非常,比如人四肢是如何运动的,比如血液的功能,他认为血液对人体起着新陈代谢的作用,并认为血液是不断循环的。

他发现心脏有四个腔,并画出了心脏瓣膜,还由此推断很多老人的死因可能是动脉硬化,而动脉硬化是因为不运动。他甚至设计了一套方法以修复心脏。鉴于达·芬奇在生理解剖学上取得的巨大成就,不少人认为他才是近代生理解剖学的始祖。

除了医学,达·芬奇在仿生学上也有前无古人的突破。他设计了世界上第一个仿生型机器人,也是世界上第一个按照程序执行任务的机器人。这个机器人今天看起来有点简陋,但其蕴含的理念非常惊人。要知道,达·芬奇是15、16世纪的人,那个年代的中国还处于明朝!

在军事上,达·芬奇也十分超前。1915年,福特公司生产了第一辆现代坦克;而在那五百多年前,达·芬奇就已经设计出了原始版的坦克。囿于时代,它从未参加实战,不过,后来的仿制测试显示,其绝不是纸上谈兵的产物,而是具有一定的杀伤力。

达·芬奇还设计了自驱式汽车。其内部虽无热机,却有发条样装置,可以蓄力,进而推动汽车。他设计的有履带的自行车,比欧洲的第一辆自行车早了两百多年,比中国古书上记载的手摇式自行车也早了一百多年。

达·芬奇的机械设计非常多,例如潜水呼吸器、悬挂式滑翔机、降落伞、潜水艇、飞行器等,都超越时代,以至于让人难以相信。

机械之外,他还研究世界的本源。他重新发现了液体压力的概念,提出了连通器原理;他是最早研究摩擦力的人,发现了惯性原理。这些研究让达·芬奇感觉自己触碰到了"世界的秘密",于是,他选择将这些秘密藏起来,以至于其手稿一直到19世纪才被人发现。

很多人看到达·芬奇手稿,会觉得他是个穿越者,否则很难解释那些先进的理念怎么会出现于五百多年前的头脑中。连爱因斯坦都说,如果这些手稿未被隐藏,现有科技成就可以提前半个世纪实现。

2. 文艺复兴:以人性之名

达·芬奇是英杰辈出的文艺复兴时代的一个缩影。他的成就表明新思维和新势力的崛起——中世纪末的欧洲,已经到了变革的前夜。这一点从达·芬奇最出名的作品《蒙娜丽莎》中就可以看出端倪。

《蒙娜丽莎》可能是全世界最出名的油画作品,它画在一块高77厘米、宽53厘米的黑色杨木板上。蒙娜丽莎坐在一把半圆形的木椅上,背后是一道栏杆,隔开了人物和背景;背景的道路、河流、桥、山峦,在达·芬奇"无界渐变着色法"的笔法下,和蒙娜丽莎的微笑融为一体,散发着梦幻的气息。仔细看《蒙娜丽莎》,你会发现画面上的蒙娜丽莎没有眉毛和睫毛,面容看起来非常沉静和谐。只看蒙娜丽莎的嘴时,你会觉得她没怎么笑;而当你看着她的眼睛时,又会觉得她在微笑。

有人说,《蒙娜丽莎》同时展现了神性和人性的光辉。其实,即使有神性光环,达·芬奇的做法在当时也是离经背道的。

文艺复兴以前,欧洲的绘画艺术都强调肃穆的神圣感,刻意制造距离感。画中人物一般不苟言笑,看起来毫无生气。站在画前,会感觉他们就和大教堂的穹顶一样高不可及。达·芬奇的《蒙娜丽莎》却给了观众一种截然不同的体验。

确实,蒙娜丽莎的表情,同样显示出一种神性、一种超脱尘世的观感,肯定了人类脱离自然状态的意义,拥有使人心灵沉静的力量。但和其他宗教画不同的是,她在微笑,一个活生生的、具有神秘魅力的女人在画中微笑,像一位真实存在的人一样在观众面前微笑。

荷兰阿姆斯特丹大学与美国伊利诺伊州立大学曾经联合开发了一种情绪识别软件,它能通过分析面部表情特征来评估一个人的情绪,如嘴唇的弯曲度、眼部周围的皱纹等,然后分别算出喜悦、悲伤、恐惧、愤怒、惊讶、厌恶这六种情绪所占的比例。这种软件对蒙娜丽莎的微笑的分析结果是:83%的喜悦,9%的厌烦,6%的恐惧,2%的愤怒。这一研究成果刊登在《新科学》杂志上,甚至还被法国卢浮宫所采纳。

这个结果也许还需要时间的检验,但我们现在就可以肯定的是,《蒙娜丽莎》一扫中世纪绘画中的呆板僵硬,表现出一股鲜活的生气,画中人以一种过去数百年未曾有过的全新形象出现,焕发出夺目的人性光辉。

所以说,如果有人问文艺复兴到底复兴了什么,其实《蒙娜丽莎》就能给出一个很好的答案。表面上,文艺复兴是复兴欧洲曾经的黄金年代——古希腊与古罗马——的文艺传统,实际上,文艺复兴更类似于一种"解锁",解开被当时的宗教传统和社会体制所束缚住的人性。

人性是什么?这个说起来很复杂,但可以肯定的是,人都有欲望,都希望能够冲破压制、得到自由。文艺复兴提倡的人性之上,就是提倡个人自由、人人平等,承认欲望的存在,提倡竞争进取和科学求知。换句话说,文艺复兴追求一种人文主义精神,其核心是以人为中心,而不是以神为中心。文艺复兴反对教会压制和束缚人创造力的神学思想,肯定人的价值和尊严,认为人是现实生活的创造者和主人,主张人生的目的是追求现实生活中的幸福。

文艺复兴时期欧洲的杰出人物有七个:文学三杰(但丁、彼特拉克、乔万尼·薄伽丘)、美术三杰(达·芬奇、拉斐尔·桑西、米开朗琪罗)和莎士比亚。

在文学上,不管是比特拉克的诗歌、莎士比亚的戏剧,还是但丁的《神曲》、薄伽丘的《十日谈》,都反映出他们对于人文主义的大力推崇与倡导。而在文艺复兴时期的三位画坛巨匠——达·芬奇、拉斐尔·桑西、米开朗琪罗,更是将人文主义深深铭刻进西方美术史之中。

文艺复兴对于整个欧洲社会的最大意义就在于,以人性为名,为打破中世纪严格的贵族制度进行了思想层面的启蒙。

可以说,文艺复兴打开了欧洲的天窗,为黑暗的中世纪带来了一缕光——从那时起,欧洲古老的光荣传统,醒了。

3. 欧洲的黎明:新的"多买家社会"格局

文艺复兴并非突然出现的,在中世纪末的欧洲,它可以说是"人民的选择"。

在经过了多次十字军东征之后,欧洲与遥远的国家建立了贸易关系。贸易的繁荣促进了城市的发展,市民阶层开始不断壮大。当时的市民们惊奇地发现,他们所生活的时代并非最好的时代,甚至比起过去的古罗马时代来都差很远——被宗教制度禁锢了思想和行为的欧洲人,重新发现了古典时代的文明魅力。

当时的人们开始觉得教堂里的画像太呆板、太乏味了,他们发现古典时代是那么美好。他们开始把自己的生活与罗马帝国相比较——抛开信仰不同,后者拥有精美的雕塑、绘画与建筑。生活在意大利亚平宁半岛上的人们,对此感觉尤为深刻。意大利到处都是的古罗马废墟,从前被认为是"异教徒的残余",而现在,人们又重新发现了它们美好的一面。这也就是为什么文艺复兴首先在意大利兴起。

东罗马帝国(又称拜占庭帝国)的覆灭也在一定程度上促进

了文艺复兴。东罗马帝国覆灭之后，拜占庭的知识阶层流落到了南欧和西欧，他们为文艺复兴做出了知识层面的准备——比如，文艺复兴文学三杰之一的彼得拉克，就是拜占庭帝国流亡修士巴尔拉姆的学生。

文艺复兴给了当时的欧洲人抛弃传统的信念和努力进取的勇气。人们不仅发现了古典时代的美，还重新认识万事万物，他们不再以宗教的眼光去观察自然，而是用自己本身的眼睛去观察和创作。

自由和平等开始在人们心中萌芽。人们开始不那么在意他们是不是服务于上帝，不再去关注人的出身、职业、宗教、国籍，而是更关心自己未来的发展机会。可以说，文艺复兴使得人们更珍视自身价值，让"人生而平等"这一朴素观念逐步深入人心，并以此为基础，开始引发深刻的社会变革。

在文艺复兴后，教皇虽然仍有一定的影响力，但实际控制力大大降低。而依靠血统瓜分社会红利、蚕食社会活力的各国王室与贵族，猛然间发现新兴势力的崛起，并开始与他们掰手腕、讲条件了。这些事就像是多米诺骨牌一样，一个接一个地出现于欧洲，引起重大变革，使得欧洲的发展走上了一条快车道。

第一张骨牌，源自哥伦布与西班牙国王的协议。

哥伦布最开始只是一个出身卑微、默默无闻的水手，却有当航海家的豪情壮志，还有着一种不为其他人理解的"白日梦"——当时葡萄牙正试图寻找绕过非洲前往印度的航线，但哥伦布认为不必绕过非洲,只要一直向西航行便可到达印度。

从1484年开始的之后八年里,哥伦布不断向西班牙国王提出向西航行的建议。到1492年,由于西班牙王后的大力支持,西班牙国王才同意这一计划。1492年8月,已经41岁的哥伦布带领120人分乘3只小船离开西班牙,开始向西环球航行。后面的事情大家都知道了:1492年10月12日,经过30多天的航行,他们终于登上了北美巴哈马群岛中的圣萨尔瓦多岛。此后,哥伦布又先后三次航行到美洲沿岸,进行实地考察,成为西方第一个发现美洲的人。

哥伦布当然不会无私地做这种壮举。在成功之后,哥伦布提出了自己的报价,他和西班牙国王、王后订立了一个契约:国王与王后对哥伦布发现的新大陆拥有宗主权;哥伦布被封为贵族暨大西洋海军元帅,被准许担任未来所发现的岛屿和陆地的总督,而且这些头衔都可世袭;新发现土地上10%的产品归他所有;他也能参与新土地上所有的商业活动,投资和利润可占总额的1/8;而他有权利对前往新大陆经商的船只征收10%的税,对自己运往西班牙的货物实行免税。

1519年麦哲伦航海探险计划开始实施时,西班牙国王也答应,从新发现的领土中拨出1/20赏给麦哲伦,并允许其参与未来的土地开发。因此,那个年代的远航探险不仅可以带来荣誉,更可以致富。基于利益的契约,使欧洲航海探险从一开始就注重新发现的记录与发布。他们每发现一块新的陆地、一座新的岛屿，就对其命名，并划入本国的版图。

哥伦布的航海掀开了一个新时代——大航海时代。作为被推倒的第一张骨牌，它一方面大大增加了欧洲的人口、土地等资源，扩展了欧洲的发展空间，另一方面为当时的欧洲社会打开了一扇门。正是这扇门，完结了按血统分红的旧时代，开启了以契约、平等精神为核心的多买家时代。

第二张骨牌，是荷兰这个全球贸易王国的崛起。

西班牙因为大航海而崛起，成为当时欧洲乃至世界首屈一指的强国。而荷兰在1463年正式成为国家之后，于16世纪初接受了西班牙的统治。

西班牙人的盘剥和压榨引起了荷兰人的反抗。从1568年开始，由于不满西班牙国王的中央集权和对新教加尔文派的迫害，荷兰北方省爆发了持续80年的反抗西班牙的战争。

1581年7月26日，来自荷兰各起义城市的代表在海牙郑重宣布：废除西班牙国王对荷兰各省的统治权，联盟正式独立，成立荷兰共和国（正式名称为尼德兰联省共和国）。1588年，七个省份联合起来，宣布成立荷兰联省共和国。这是一个焕然一新的国家，很多历史学家认为，它是世界上第一个"赋予商人阶层充分的政治权利的国家"。

荷兰在航海方面远远落后于葡萄牙和西班牙，但它很好地利用自己的港口优势做起了葡萄牙和西班牙的中间贸易者，使得本国商贸业大大发展。商人的势力非常强大，甚至从当时的贵族手中"买"来了城市管理权。

商人治国,催生了许多经济思维式的国家运作方式。实际上,今天耳熟能详的股份公司、证交所、银行、信用制度等,都诞生于荷兰。不过,荷兰发展商业的同时,没有发展工业,这位后来者英国提供了机会。

1648年西班牙国王菲利普四世签订《明斯特和约》,承认七低地尼德兰七省联合共和国,从法律上承认荷兰独立。从西班牙获得独立之后,荷兰在世界各地建立殖民地和贸易据点,其商船数目超过欧洲所有国家商船数目总和,成为17世纪的航海和贸易强国,被誉为"海上马车夫"。这段时期被称为是荷兰的"黄金年代"。

1602年,在共和国大议长奥登巴恩维尔特的主导下,荷兰联合东印度公司成立。1648年西班牙正式承认荷兰独立时,荷兰已达到了商业繁荣的顶点,成为继西班牙之后世界上最大的殖民国家。

到17世纪中叶,荷兰联省共和国的全球商业霸权已经牢固地建立起来。此时,荷兰东印度公司已经拥有15 000个分支机构,贸易额占到全世界总贸易额的一半。悬挂着荷兰三色旗的10 000多艘商船游弋在世界的五大洋之上;当时,全世界共有2万艘船,荷兰有1.5万艘,比英、法、德诸国船只的总数还多。

荷兰的崛起开启了欧洲社会的新篇章——平等平权和结果制胜。荷兰的全面商业化,在荷兰人当中形成了一种特别的氛围：没有谁天生就能拥有权力和资源，谁行谁上，谁赚钱的本领越大，谁的地位就越高。这和当时欧洲其他地方王公贵族、教皇主教把持权力的格局形成了极为鲜明的对比，进而驱使荷兰人争相出海。可以说，整个荷兰社会充满了高涨的拼搏欲望。

第三张骨牌，是英国《大宪章》的签署，也即法治思想的确立与传播。

《大宪章》又称为《自由大宪章》，由英国国王约翰一世在1215年签署，其核心思想是限制王权、司法独立。

作为国王，约翰一世当然不喜欢限制君主权力的《大宪章》，只可惜在当时他不得不签署。约翰一世是著名的"狮心王"理查一世的弟弟。理查一世无子，原本指定侄儿亚瑟为储君，后来才把王储换成约翰。约翰一世上台后很快囚禁并杀死了亚瑟，大失人心；后来，在对法战争中，他又残酷盘剥百姓，在布汶战役惨败，激起了民众极大的不满。此外，约翰一世与教皇就坎特伯雷大主教的任命上也出现争执，最终被迫向教皇屈服。种种压力之下，约翰一世不得不签下这份意义非同一般的《大宪章》。

然而，"不得不"就是不情不愿，在不情不愿的情况下签署的文件，能有多大效力？在签署后，《大宪章》没能缓解国王和贵族的矛盾，反而引发了英国的内战。之后的200多年，金雀花王朝将其修改了十几次，再晚一些的都铎王朝时期，它又沉寂了200多年，直到文艺复兴时期的英国经历"光荣革命"后，它才被正式确立下来。

从本质上说,《大宪章》不是为了建立宪政民主国家和人类理想社会的宪章性文件,而是在血与火的政治斗争中讨价还价的政治契约。但从整个人类社会发展历程来看,《大宪章》初步确立了法治与自由的基本原则。可以说,其签署是人类法治化进程的一个重要转折点。

《大宪章》在第 1 条就承诺,"英国教会当享有自由,其权利将不受干扰,其自由将不受侵犯"。第 13 条又承认伦敦等城市的"拥有自由与自由习惯"。第 63 条不但重申"教会应享有自由",也承诺英国臣民及其子孙后代"充分而全然享受《大宪章》所述各项自由、权利与特权"。通过这些条款,整个《大宪章》传达了这样一个意思:交税与否,要获得民众的同意,而在交税之外,民众享有充分的自由。正是因为这一点,《大宪章》也被广泛称为《自由大宪章》。

《大宪章》在人类历史上第一次以法律契约的形式公开确立了国王不能凌驾于法律之上的原则。《大宪章》第 61 条规定,由 25 名贵族组成的委员会可联合全国人民,共同使用权力,在必要时否决国王的命令;并且,可以使用武力,在必要时占据国王的城堡和财产。尽管在欧洲中古时期有这种惯例,但是通过政治契约形式将其加之于一国国王,在人类历史上是史无前例的。"王在法下",实际上蕴含着现代法治中的一条最根本性原则,即法律最大,国王、政府、政党、组织和个人等都不能超越法律。人类社会中的法治观念(The Rule of Law),从此萌生。

最初版本的《大宪章》，2/3以上的条款提及，国王不能任意征税、乱征费、乱摊派。《大宪章》的签署，以及围绕其的博弈，最终在"光荣革命"后催生了一种新型国家体制，也就是我们今天说的宪政民主。宪政民主的一个基本逻辑是，政府用来治理国家的钱，只能来自经议会批准的税收。这意味着权力受到制衡与监督——国王和政府不能随心所欲地征税。

《大宪章》还确立了今天我们所说的"程序正义"原则。《大宪章》第39条规定："任何自由人，如未经其同级贵族之依法裁判，或经国法审判，皆不得被逮捕、监禁、没收其财产、剥夺法律保护权、流放，或加以任何其他损害。"这一条款被称誉为英国乃至全人类法治和宪政制度衍生的"基因性条款"，因而有人将之称为"一切暴政和司法不公的天敌"。

《大宪章》的影响极其深远。《大宪章》是英国人的自由精神、普通法和议会的源头，影响了英国的政治制度、法律制度和整个英国社会的发展进程。著名的法国《人权宣言》以及法国历次宪法的序言部分都充满英国《大宪章》中所基本确立下来的法治精神，美国的联邦宪法和各州宪法也都包含有《大宪章》的"法治""自由"及"监督权力"的基本思想。可以说，《大宪章》影响了整个西方乃至世界各国的法治化进程。

文艺复兴带来的思想变革推动了欧洲社会的深刻裂变，多米诺骨牌的效应让一个个欧洲强国崛起，使得一种全新的社会形态开始逐渐成形。

第五章 欧洲的黎明：从文艺复兴到全盛时代

哥伦布与西班牙国王的契约打破了血统的制约，新的上升通道出现，直接开启了大航海时代，西班牙和葡萄牙从此崛起；荷兰人的资本主义发展，让平等平权和结果制胜成为社会共识，就此荷兰取代西班牙成为欧洲第一强国；《大宪章》的签署以及在光荣革命后正式发挥效力，让法治精神和权力监督思想渗透到社会的核心层面，"日不落帝国"由此煊赫一时。

三张骨牌推倒了中世纪的"富墙"，文艺复兴带来了人人平等的观念，哥伦布们的探险带来了成就新买家的途径，而《大宪章》和股份制公司之类的政治经济机制则让"以结果认定买家"这一制度固化下来。由此，一种与中世纪截然不同的社会分配制度诞生了。

在国王掌控所有资源的"一买家社会"中，大部分人只能依靠对国王的效忠来获取资源和实现阶层跃升。而在新的社会形态下，决定阶层和财富的不再是国王，而是自由竞争。因此，人人都有成为新买家的可能；社会上的买家多了，人们也就不用再对国王效忠。

这一方面大大刺激了人的能动性，另一方面改变了人们看待世界的方式。人们不再在有限的存量上进行争夺，而是更多地追逐增量，像哥伦布那样，寻找新的蛋糕。

在自由开放风气的刺激下，整个西方世界开始迅速崛起，人类文明从这一刻起也走上了快车道。现代活字印刷术发明了，书籍可以大规模印刷了，知识可以大面积传播了；火枪改进了，虽然还很原始,但骑士时代就此走向末路;马丁·路德向教廷发难,发动了宗教改革,基督教再一次分裂,新教由此诞生,信徒不必依附于腐败的教廷;新大陆的发现,让欧洲人又有了开疆扩土的去处……

从佛罗伦萨的文艺复兴开始,欧洲逐渐迈过黑暗的中世纪,迎来了黎明的曙光。

4. 比一个国家还要强大:荷兰东印度公司

人类有史以来市值最高的公司是哪一家呢?

答案可能会出乎很多人意料:这家公司是三四百年前的一家"古董"企业——荷兰东印度公司。

荷兰东印度公司是在荷兰多买家社会中涌现出来的巨无霸公司。在公元1637年著名的"荷兰郁金香泡沫"事件达到顶峰时,其市值为7 800万个荷兰盾,相当于今天的7.9万亿美元!

7.9万亿美元是什么概念呢?假如它是一个国家的国民生产总值,那么,2018年,这个国家可以在全球排到第三名,超过两百多个国家和地区,超过英法俄三国总和,仅次于美国和中国。放在2018年的股市,全球20家顶级公司的联合体量才勉强和它有得一比。从古到今,世界上从来没有一个公司能拥有如此高的市场价值,能像它一样影响世界。

荷兰东印度公司成立于1602年3月20日,1799年解散,

第五章 欧洲的黎明:从文艺复兴到全盛时代

存在了差不多两百年。①

公司成立后,先后占领波斯、孟加拉国、马六甲、暹罗(今泰国)、印度马拉巴海岸和科罗曼德海岸。到 1669 年,公司已经成为世界上有史以来最富有的公司,拥有 150 条商船,40 条战舰,50 000 名员工和 10 000 人的私人武装;公司的投资收益率高达 40%,投进去的钱两年就能翻番,可以说极其惊人。

在荷兰东印度公司存在的将近两百年间,公司总共向海外派出了 1 772 艘船,约有 100 万人次的欧洲人搭乘 4 789 个航次前往亚洲地区。其每个海外据点,平均有 25 000 名员工,12 000 名船员。有鉴于其实力和影响力,荷兰政府给予了该公司在亚洲进行殖民活动的垄断权,期限为 21 年。

在近 200 年的时间里,荷兰东印度公司在世界贸易中有着极其重要的影响力。毫不夸张地说,它是世界上第一家跨国公司,第一个可以发行货币的公司,也是第一个股份有限公司。由于政府持有公司股份,公司还拥有铸造货币、自组军队或佣兵、与外国签订条约、建立殖民地等权利,使其成为一个具有国家职能、能进行殖民掠夺和垄断贸易的超级公司。可以说,它不是国家胜似国家,其实力超过了当时世界上绝大部分国家。

荷兰东印度公司的发家史和总督科恩有很大关联。

1619 年,科恩被指定为东印度公司总督。科恩是一个很有

---

① (荷)伽士特拉.荷兰东印度公司[M].倪文君译.北京:东方出版中心,2011 年。

远见的人，他看到了带领公司进军亚洲的可能性。于是，他到巴达维亚（即雅加达）建立了东印度公司新的总部。其后，为了建立对丁香贸易的垄断权，他甚至将班达群岛上的原住居民杀死或赶走。

科恩第二次成功的冒险，是成功地建立起了亚洲国家贸易体系，将其贸易足迹延伸到日本、朝鲜、中国等地。1640年，公司占领了斯里兰卡的加勒，赶走了葡萄牙人，从而打破了葡萄牙人对肉桂贸易的垄断。1658年，公司又围攻斯里兰卡首都科伦坡。到了1659年，葡萄牙人在印度沿岸的据点几乎都被他们夺去。1652年，公司在好望角建立据点，好为公司来往东亚的船员进行补给，这块据点后来变成荷兰的开普殖民地。

郑成功收复台湾，便是中国与荷兰东印度公司之间的对决。荷兰东印度公司原先在澎湖附近活动，但明朝政府认为澎湖是中国领土的一部分，不允许荷兰人私自踏足。不得已之下，荷兰人转向当时未被明朝有效统治的地区。1624年，荷兰占领大员（今台南市），从此开始在台湾殖民，直到1661年被郑成功逐出。

可以说，荷兰出现这样一家超级公司，是平等平权、结果制胜的新型社会分配体系的胜利。荷兰东印度公司在汹涌的历史浪潮中被推上潮头、又黯然退去，而历史却依然不断前行，铸就更多新的里程碑。

第六章

清教徒的胜利：美利坚是如何成为超级强国的

在人类的航海技能取得突飞猛进的进步之后，人类历史上的很多事件就与船有了关联。

这些船以不同的方式影响了历史。比如，11世纪"征服者威廉"率领诺曼人舰队抵达英格兰，成为英国新的国王、诺曼底王朝的开创者；13世纪忽必烈先后两次征日，舰队毁于台风，东亚史由此改写；15世纪，哥伦布为欧洲人发现了新大陆，开启了一轮又一轮的航海冒险和血腥的掠夺征服之旅；19世纪，罗伯特·福钧的船用"沃德箱"将中国茶籽和茶苗带到了印度，改变了全球茶叶贸易的格局……

船的到来，在那个交通不够发达的年代，往往意味着某种新的东西抵达——比如新的势力，或是新的发现，或是新的商品，进而改变历史的走向。而有这么一艘船,它上面既没有强大的军队,也没有航海经验丰富的探险家,更没有什么值得一提的新商品,却实实在在地改变了新大陆数百年。

这艘船,就是著名的"五月花号"。

1. 五月花号:自由之地与自由之民

1620 年 11 月 11 日,一艘来自英国的 3 桅盖伦帆船,向北美大陆科德角外的普罗温斯顿港靠近。

这艘船的乘客由牧师布莱斯特率领,一共有 102 人。其中,分离派教徒 35 名,其他的是工匠、渔民、贫苦农民及 14 名契约奴。

原本他们打算搭乘一大一小两艘船出发。但 1620 年 8 月 5 日第一次从英国南安普敦启航时,他们发现乘坐的小船漏水,不得不停留在达特茅斯修理。修理完毕后,小船再次漏水,不得不又一次停留在普利茅斯。

经过整顿后,他们决定全体成员都坐上大船出发。9 月 16 日,这艘名为"五月花号"的帆船终于从普利茅斯出发,驶往北美新大陆。少了小船,船上空间变得有些拥挤,每人只有很小的地方放置随身行李。①

五月花号在加拿大纽芬兰省亚法隆半岛南部靠岸,由当地

---

① (美)克里斯托弗·希尔顿.五月花号[M].北京:华夏出版社,2006 年。

渔民提供日用品及食水补给,然后向鳕鱼角进发。在航行中,船的主船杆曾出现裂缝,不得不用一个大的铁螺丝钉去修补。

他们原本的目的地,是北弗吉尼亚哈德逊河一带的陆地,但因恶劣的天气没有成功到达。在新英格兰的寒冬中,航道发生了偏移,最终只能在科德角(今马萨诸塞州普罗温斯顿)附近的普罗温斯顿港抛锚。

长达两个多月的海上漂泊旅途,经历了缺水、断粮、风浪等种种严峻考验,所有人都饥寒难耐、疲惫不堪。

然而奇怪的是,历尽千辛万苦到了期盼已久的新大陆,他们却似乎并不急于下船上岸。

到底是什么原因呢?

他们必须要做一个重大的决定。

这艘船上的102名乘客,大多是在航行中相遇的互不相识的陌生人。虽然这些人都是基督徒,但他们并不隶属于任何宗教团体和组织。同时,他们即将登陆的这片土地也是无主的,既没有政权,也没有法律。这也就意味着,没有其他任何人可以约束他们的自由。按照现在的观点,这应该很爽,但是没有人约束他们的自由,意味着同样也没人能约束他们犯罪。换句话说,他们抵达的是一片暂时无人管束的自由之地,他们也都是完全平等、已经不受任何王权或神权束缚的自由之民。

另外,他们每个人也都明白,如果登陆后不能成为一个紧密的共同体,他们在寒冷而荒芜的新大陆上生存下来的概率可以说微乎其微。这使得他们不得不团结起来共渡难关。

因此,为了建立一个能约束大家的自治团体,一份契约显然是必需的。

当时,女人并不享有政治权利,只有成年男子才有投票权、选举权和被选举权。经过一番激烈的讨论,船上的41位男子决定共同签署一份公约,并以他们的船为这份公约命名,即《五月花号公约》。

在这份文件里,签署人宣誓创立一个自治团体,这个团体是基于被管理者的同意而成立的,并且将依法治理这块土地上的一切事务。

《五月花号公约》奠定了新英格兰诸州自治政府的基础,主要内容为组织公民团体;拟定公正的法律、法令、规章和条例,全文如下:

以上帝的名义,阿门。

吾等签约之人,信仰之捍卫者,蒙上帝恩佑的大不列颠、法兰西及爱尔兰国王詹姆斯陛下的忠顺臣民——为了上帝的荣耀,为了吾王与基督信仰和荣誉的增进,吾等越海扬帆,以在弗吉尼亚北部开拓最初之殖民地,因此在上帝面前共同庄严立誓签约,自愿结为一公民团体。为使上述目的得以顺利进行、维持并发展,也为将来能随时制定和实施有益于本殖民地总体利益的一应公正和平等法律、法规、条令、宪章与公职,吾等全体保证遵守与服从。

据此于耶稣公元 1620 年 11 月 11 日,吾王英格兰、法兰西、爱尔兰等十八世暨苏格兰第五十四世君主陛下在位之年,在科德角签署姓名如下,以资证明。

41 人全部签完名之后,所有的新移民按照欧洲的航海传统,涉过冰冷刺骨的浅滩,登上了一块大礁石,为开始的新生活而欢呼。据说普利茅斯镇海边上现存的普利茅斯岩(Plymouth Rock)就是他们踏上美洲大陆的第一块"石头",直到今天,我们还可以看到铭刻在石头上的数字"1620"——他们初次踏上美洲大陆的年份。

当"五月花号"的清教徒们登陆后,在公约上签字的 41 名清教徒理所当然地成为普利茅斯殖民地第一批有选举权的自由人。这批人中有一半未能活过 6 个月,剩下的一半成了殖民地政治集团的核心成员。他们每年举行一次大会,通过法律选举总督和总督助理,并在 1636 年通过了"统一基本法",对殖民地的政治结构和居民权利做了法条上的规定。1639 年后,殖民地代表大会变成了殖民地议会,非教会成员的自由人也可以被选为议会议员,美利坚合众国的历史由此发端。

五月花号上的 41 个人只不过是北美早期拓荒者中的沧海一粟。但这份由 41 人签订的、一页纸就能写下的《五月花号公约》,影响力几乎遍及整个北美新殖民地。可以说,这是北美新移民们依据理性设计的第一份全新的政治制度。它能产生如此大的影响,得益于它并不是凭空设计出来的空中楼阁,而是有着坚实社会心理基础的新型制度。这种新移民的普遍社会心理,正是我们理解美国崛起的关键所在。

"将来能随时制定和实施有益于本殖民地总体利益的一应公正和平等法律、法规、条令、宪章与公职,吾等全体保证遵守与服从。"这句话是《五月花号公约》中最重要的一句话。它说明了两个事实:其一是愿意遵从"公正与平等"的法制,其二是法律需得到全体国民的认可。

这个说法确实很有意思。一般来说,法律是自上而下的,是由国家专门的立法机关制定、国民遵照执行的约定。但《五月花号公约》是一种自发性的公约,天然带有对上层统治阶级的约束和不信任,是一种小政府、弱政府的思路。从追求个人自由的角度出发这很正常,政府的强力管束属于老欧洲,不属于这片自由地的自由民。这体现了一个全新的社会共约形态——"一个平权平等的精神上的美国",已经有了雏形。

《五月花号公约》是新大陆移民中最重要的政治性契约,被认为是"自动同意管理自己的一个协议,是美国的第一套成文法",这份著名的文件甚至被人们称作"美国的出生证明"。

2. 独立号角:新殖民地上的帝国反击战

美国电影里从来不缺乏反抗强权的英雄,著名科幻电影《星

第六章 清教徒的胜利：美利坚是如何成为超级强国的

球大战》里一代又一代反抗银河帝国的绝地武士就是明证。正如《星球大战》是美国人的"国民电影"一样，这种反抗强权与暴政的思想也是美国的一种"国民思维"。在美国人的心里，强势政权并不对他们胃口。这一点在当代美国也有很多表现。比如，各种关于政府的阴谋论很流行；又比如，即使枪击案层出不穷，但支持持枪、反对禁枪的呼声还是具有广泛的民意基础，因为很多国民对于政府有种天然的不信任感，只有持枪才能让他们觉得自己依然保有"对抗"政府的权力。

如果我们回到美国建国之前的 17 世纪再来理解这个问题，一切就会显得顺理成章了。北美是自由之地，清教徒是自由之民，民众需要的是对所有人都公平的法治共约，而不是一个强有力的、凌驾于所有人之上的政府。《五月花号公约》之所以能产生广泛的影响，和民众的这种心理是密不可分的。

但在当时的北美，自由民们依然像《星球大战》电影里的绝地武士一样，面临着一个银河帝国般的强权——号称"日不落帝国"的大英帝国。

英国是当时北美的宗主国。在美国建立之前，英国人在这块土地上已经有了漫长的殖民历史。然而，新殖民地人民的法治思想和宗主国英国几乎是背道而驰的。英国人的想法很简单：我是征服者，我打下来的地盘我说了算，这里的法律和税收都以我的利益为准。但新兴的移民们更愿意遵循"平等平权，法制独立"的方式，大家应该按共同约定的法条办事，而不是由殖民地政府一家独大。从一开始,新移民与宗主国之间的对抗几乎就已是不可避免的了。

众所周知,美国的星条旗最开始是13颗星的,这代表了最开始的在北美的13个殖民地。这些殖民地在当时虽同属大英帝国,但他们各自为政,制度也并不统一,相互之间的关系也和国与国之间的关系差不多。

这些殖民地当中最常见的是领主制,在这13块英属北美殖民地中,这样的领主制殖民地占了7块。具体来说,就是英国国王给贵族封地,贵族成为这片土地的领主。比如,英王借了贵族巴尔的摩的钱,就把现在美国马里兰州的那块地封给他,就当是还钱了。现在马里兰州最大的城市即以"巴尔的摩"为名。又比如宾夕法尼亚州,就是英王查理二世用来抵英国贵族威廉·宾的欠款的,这块殖民地被"赐"给了威廉·宾的小儿子。

虽然都拥有土地,但在北美的领主和欧洲的领主是不一样的。欧洲的领主下面的农民自己没有土地,别的土地也不接纳他们,所以只能依附于领主,无法脱离,相当于农奴或者半农奴。他们全靠领主赏饭吃,再勤劳也没法改变自己的命运。而在北美,到处都是无主的土地,不缺地、只缺人。移民们如果对处境不满意,可以直接就走人,去别的地方生活。所以,北美的领主更像是个地方上的管理者,移民们具有对领主的选择权,这也在一定程度上制约了领主的权力。欧洲那些高高在上的贵族阶层,在北美已经不复存在了。

第六章 清教徒的胜利：美利坚是如何成为超级强国的

还有的殖民地，比如弗吉尼亚和马萨诸塞州这两个较早的殖民地，采用的是公司制。在当时的北美，土地到处都是，谁开发就是谁的。不少人在这两个地方成立开发公司，建立自治小镇、小区，有公司章程，自负盈亏。最早的弗吉尼亚公司就是英国政府特许在弗吉尼亚殖民地进行经营的公司，成立于1606年，他们建立了很多烟草种植园和自治政府，按照公司章程进行管理。

剩下的几个是契约制的形式：一些已经自然形成的自治城镇，联合起来形成一个大的自治联盟，他们之间会先达成盟约，在英王批准后即可确立，比如罗得岛和康涅狄格州。不过，康涅狄格州后来被英国王室收回，成为英国王室直属领地，由英王派出总督进行管理。

虽然名义上都是英王的臣民，但殖民地居民中有不少人认为，由于北美人民在"天高皇帝远"的英国议会中没有自己的直接代表，这等于剥夺了他们作为英国公民的权利，这是不合法的。因此，那些对殖民地人民要求征税的法律，以及针对殖民地的其他法律，全都是违背宪法的。这就意味着，殖民地居民已经不相信"王法"了。在他们眼里，大英帝国的法律根本就不应该约束他们。

从1763年左右开始，北美13个英属殖民地的居民喊出了那句著名的口号——"无代表不纳税"。这是什么意思呢？就是不给代表权，就不纳税了！这可真是触了英国权贵们的逆鳞，北美殖民地的居民小打小闹也就算了,不给钱那哪行!辛辛苦苦打下来的殖民地收不上来钱,那之前不是全白干了?

当然,这个口号的提出也有点英国人"加戏"的因素。在这之前的几年,英国人和法国人为了在北美抢地盘展开了"七年战争",从1756年一直打到1763年。英国人最终获胜,抢占了北美的大部分地区。英国胜利是胜利了,但问题也随之而来。打仗是要花钱的,这七年英国财政相当吃紧,所谓"羊毛出在羊身上",向北美地区增加税收看起来就是最"合理"的选择了。所以在英国人变本加厉的盘剥中,北美殖民地居民自然越发不爽,"无代表不纳税"就是他们给政府的回应。

该来的总是会来的。

1773年11月28日,东印度公司的第一艘茶叶商船"达特茅斯号"停靠在波士顿附近由英军驻守的威廉要塞,后来驶到格里芬码头,卸下除茶叶以外的其他货物。

为什么偏偏留着茶叶呢?很简单,当地人民不同意,没法卸货。

在整个11月里,一共有7艘大型商船前往殖民地,4艘开往波士顿,其他3艘分别前往纽约、查理斯顿和费城,然而纽约和费城两地的茶商全都拒绝接货,这两艘商船不得不开回英国。

为什么殖民地居民如此抗拒茶叶呢?

这是英国国会通过的几项征税法案惹的祸。首先是英国1765年颁布的《印花税条例》,规定凡北美殖民地的一切商业文件和合法证书、执照、报纸杂志、广告，均须贴上印花。违者受罚，伪造印花者处死。印花税税额很重，引发了广泛的不满和抗议，后来不得不取消。两年之后，英国国会通过了财政大臣唐森德提议的《唐森德税法》。税法规定自英国输往殖民地的纸张、玻璃、铅、颜料、茶叶等一律征收进口税，甚至还规定英国关税税吏有权闯入殖民地民宅、货栈、店铺，搜查违禁物品和走私货物。这个法案遭到了更大的反抗，1770年3月发生了英国殖民当局枪杀波士顿民众的流血事件——波士顿惨案。迫于形势，英国国会废除了《唐森德税法》的大部分税种，但依然保留了茶叶税。这让殖民地居民把怒火都倾泻到了运茶船上。

1773年12月16日，波士顿8 000多人集会抗议。当天晚上，在塞缪尔·亚当斯和约翰·汉考克的领导下，60名"自由之子"化装成印第安人上了茶船，将东印度公司三条船上的342箱茶叶全部倒进了海里。根据当时的《马萨诸塞时报》报道，"水面上漂满了破碎的箱子和茶叶，从城市的南部一直延绵到多彻斯特湾"。这就是著名的"波士顿倾茶事件"。

英国政府认为这是恶意的挑衅。于是从1774年起，英国政府陆续颁布了五条《强制法令》，又称《不可容忍法令》，对此进行严厉镇压。

到了这个时候，北美就像是一个大的火药桶，只要有一点火星，就会马上燃爆。

1775年4月19日，北美独立战争在莱克星顿打响了第一枪。就像是《星球大战》里表演的那样,针对"日不落帝国"的反击战正式开始了。1776年7月4日,大陆会议通过了由托马斯·杰斐逊执笔起草的《独立宣言》,并宣告美利坚合众国成立。

经过将近十年的艰苦战争,美国人在法国的帮助下终于迫使英国人撤出北美大陆。1783年9月3日,英王代表与殖民地代表于凡尔赛宫签订1783年《巴黎条约》,英国正式承认美利坚合众国成立。自此,美国已完全独立,就像《巴黎条约》第一条中所说:"英王陛下承认合众国为自由、自主和独立的国家。"

3. 天时地利人和:最新的为什么会是最好的

自1776年美利坚合众国成立以来,一代又一代的美国人都深信,只要通过自己的勤奋、勇气、创意和决心,就能获得所向往的美好生活。

这就是我们耳熟能详的"美国梦"的由来。

两百多年来,"美国梦"不止激励了本土的民众,也激励着世界各地无数怀揣梦想的年轻人。这些年轻人离别故土,历经千辛万苦,来到这片土地,创造自己的价值。

"美国梦"可以说集中体现了美国人的价值取向。"美国梦"的生长土壤可以说是全世界独一无二的,这是因为美国出现了一个当时全世界最先进的新型社会形态——"多买家社会"。

"多买家社会"是什么样的? 简而言之,"多买家社会"是一

第六章 清教徒的胜利:美利坚是如何成为超级强国的

种以资本获取作为统一量度的社会体系。"多买家社会"体系下的人,不再像"一买家社会"那样对社会上的唯一买家负责,而是只对资本负责。这样的好处是显而易见的,所有人都有机会成为卖家,在获取足够的资本之后,甚至还可以完成从卖家到买家的身份转变。理论上,在这样的社会体系下,人靠努力所能赢得的资本是没有上限的。比起一买家的社会体系,这无疑会大大激励人的能力的发挥。

但这种全新的社会形态比起以往的社会形态而言,可以说是翻天覆地,想要真正实现,不是件容易事。这里不得不提一下美国国父华盛顿。华盛顿是美国三位伟大的社会制度革新者之一,他参与设计及推行的社会机制,让美国成为以多买家思想立国的第一个国家,并最终凭借这种社会机制成为全球第一的强国。

1776年,美国《独立宣言》中提出了一条"不言自明的真理":人人生而平等,并由造物主赋有某些不可转让的权利,其中包括生命、自由和追求幸福的权利;为了保障这些权利,才在人们当中设立政府,而政府的合法权利必来自被统治者的同意。这集中体现了美国制度设计的精髓和出发点——人生而平等,政府必须受到一定的约束。这些现代人习以为常的事情,在当时都是开创性的。

以华盛顿为首的大陆议会为美国设立三权分立的原则,立法、行政和司法三种国家权力分别由三个不同机关掌握,各自独立行使、相互制约制衡。充分尊重民众自由,以法治为社会的基础,并由三权分立和民主监督保证法制独立,最大限度保证法律不受人为因素左右。这才是"美国梦"得以实现的真正根基。

这一套制度之所以能够在美国得以全面施行,离不开天时、地利与人和。当时的世界,已经到了变革的窗口期,"一买家社会"已经面临着严重的发展危机,唯有求新求变才能重塑新的社会体系,这是天时。北美孤悬海外,在当时的技术条件和经济水平下,基本上可以不受欧洲大陆其他势力的影响,全面开展新社会制度的实践,这是地利。以清教徒为主体的美国民众,大多奉行自由与法治精神,是这套制度完美落地的保障,这就是人和。三才具备,才能诞生出一套当时最先进的社会制度和一个真正完备的"多买家社会"。

这里面最重要的,当然是人的因素。《五月花公约》、"无代表不纳税"的口号以及《独立宣言》,很好地体现了这种独一无二的美国精神,清教徒则是促成美国形成"多买家社会"的核心因素之一。清教徒不仅是一种派别,更是一种态度、一种倾向和一种价值观。[①] 一般而言,清教徒是信仰虔敬、生活圣洁的新教徒,他们完全摒弃了神权统治,认为"人人皆祭司,人人有召唤"。他们认为每个个体都可以直接与上帝交流,反对神甫集团的专横、腐败和繁文缛节、形式主义。简单、实在、上帝面前人人平等

---

① (德)马克斯·韦伯.新教伦理与资本主义精神[M].于晓、陈维纲等译.北京:生活·读书·新知三联书店,1987年。

是他们所追寻的信徒生活。所有的民主原则及法治思想在这一群体当中都可以很好地契合与架构,从而最大限度地发挥人的主观能动性。

"事关大家的问题,必须得到大家的同意",这是美国民主宪政的基本原则。民主不仅要服从多数人的意愿,也要尊重少数人的意志。每一个个体都是独立、自由的,所有人需要遵循的是正当的法律规定和自己的良知。而在华盛顿的制度设计里,设立政府的唯一目的是效忠于国民,为国民提供公共服务产品,保护国民的尊严和安全。

多买家形态因为给社会带来了更公平的结果而制胜,极大地激活了社会活力。"万类霜天竞自由"的状态,很好地体现了美国制度设计给美国带来的重大改变。美国在这套制度的保障下迅猛发展。从1894年开始,仅仅成立一百年的美国就全面超过了传统的欧陆强国,GDP跃居世界第一。一直到今天,美国依然占据着GDP第一的宝座,经济产值领先世界各国一百余年。

4. 百年美利坚:横扫世界的新霸权

1941年12月7日,日本帝国海军偷袭美国,轰炸了位于夏威夷的珍珠港。350余架日本飞机对美国珍珠港海军基地实施了两波攻击,投下穿甲炸弹,并向美国的战列舰和巡洋舰发射鱼雷。毫无防备的美军在爆炸的巨响中醒来,仓促地进行着自卫。这场先发制人的袭击在90分钟内就结束了。据统计,日本炸沉了4艘战列舰和2艘驱逐舰,炸毁188架飞机,受损的建筑、船只和飞机则更多。攻击中约有2 400名美国人丧生,另有1 250人受伤。攻击过后,日本正式向美国宣战,次日,美国总统罗斯福发表了著名的"国耻"演讲,随后签署了对日本帝国的宣战声明。

偷袭珍珠港成功,让日本人扬扬自得,他们认为这场偷袭可以极大地打击美国的海军实力,让美国短时间内无暇跨过浩瀚的太平洋威胁到自己。但日本想错了,珍珠港的损失几乎无损美国的战争实力,而日本的鲁莽行动最终加速了自身的战败。

由于国家战争机器的高速运转,全国的富余劳动力都充实到军队及相关行业当中,日本国民经济在太平洋战争开始前显得空前"繁荣",使得日本人错误地认为本国经济与军事实力都超过了他们最大的敌人美国。而此时的美国已经历了近十年左右的经济大萧条,经济危机的深远影响使得整个美国经济依然疲软。尽管如此,美国的综合国力仍远高于日本。日本人远远低估了美国:美国的人口高于日本近两倍,国民收入是日本的7倍,钢铁产量是日本的5倍,煤炭产量是日本的7倍,美国的汽车产量更是日本的80倍!这场战争,几乎可以说是一个强壮的成年人与一个还没长大的小男孩之间的较量。

这个时候,美国工厂的现代化和自动化水平要高于欧洲和日本,美国人的生产管理是当时世界上最先进的,美国工人的人均生产力也是当时世界上最高的。

一组武器生产数据,可以让我们更直观地看到这种差距。

1941—1945年日本共生产了航母17艘、战列舰2艘、巡洋舰9艘、驱逐舰63艘、潜艇147艘。而在同一时期,美国生产了航母(包括护航航母在内)131艘、战列舰10艘、巡洋舰48艘、驱逐舰355艘、护卫舰498艘、潜艇203艘,每一项都是日本的5~8倍,尤其是航母产量的差距,足以让日本人绝望。

美国不仅在飞机数量上占了上风,而且在战争中不断推出新型飞机,到了战争后期,美军的飞机性能已经远远优于日军。反观日本,在整个"二战"期间,基本上都在使用零式战斗机或改型战斗机。零式战斗机从很多方面来说确实是一种非常优秀的战斗机,但是到了1943年,其性能已经明显落后于美国的新机型。日军轻视对飞行员的保护,只注重飞机性能,过量采用木质材料与蒙皮,远不如美国战机"皮实"。零式战斗机在被击中后很容易起火燃烧,导致机毁人亡。在美国生产的飞机中约有97 810架是多引擎轰炸机(双发或四发),而日本仅仅生产了15 117架(基本上是双发机)。因此,无论是从飞机生产数量上,还是从飞机总载荷上来看,两国之间的差距都非常明显。

由于工业基础和技术能力上的差距,太平洋战争期间,日本陆军根本谈不上机械化,其重型装备的供给量与实际需求之间差距甚远。

1941—1945年,日军只生产了604门口径大于105毫米的野战火炮和6 512门口径70～105毫米的火炮,而同一时期美国却生产了重炮7 803门,其他中型口径火炮27 082门。1941—1942年,日本将坦克生产列入了A级(即最高级别),但由于科技水平和生产工艺的落后,日本只生产了中型坦克1 065辆、轻型坦克1 024辆,而美国却生产了中型坦克24 997辆、轻型坦克4 052辆。更重要的是,"二战"时期,日本的中型坦克无论是火炮威力还是装甲厚度都只能相当于盟军的轻型坦克。由于日军坦克在战斗中的表现欠佳,到了1943年,日本将坦克的生产降到了D级。日本不但缺少坦克,车辆也是日军的软肋,日本车辆生产在顶峰时为1941年的47 901辆,而美国在1943年的汽车生产量却达到了621 502辆。

除了重型装备,日本其他武器的生产数量也严重不足。1941年年底,日本的武器库足够装备103个师团,陆军战斗序列有51个师团和59个旅团。太平洋战争初期,日本陆军的武器弹药的产量和消耗量大体相同,但随着战争规模的不断扩大,军队数量剧增,而日本的武器弹药保有量却没有明显的增加。1943年,日本陆军规模从240万人升到310万人,美国则从415万人激增到889万人。到太平洋战争结束时,日军的武器弹药虽然可以装备104个师团,但其战斗序列达到171个师团,这还不包括大量的日本准军事人员。

1940年统计,日本本土人口7 314万,虽然强征了大量中国和朝鲜劳工,但并不等于这样腾出来的日本国人力就能形成战

第六章 清教徒的胜利：美利坚是如何成为超级强国的

斗力强的部队。事实上，太平洋战争前 6 个月，日军在东南亚和南太平洋的胜利正是依靠多年积累的精锐部队。1944 年，日本有 1 335 万名女性劳动力，但其中的 780 万人从事的是农业和林业工作，只有 225 万人参加工业及军工生产工作。而美国 1941 年就有 1 460 万名妇女参加工业生产工作。

这还只是战斗武器的差别，如果算上军需的话，日本基本上连一丝胜利的希望都不会有。以硫黄岛为例，当时日军在岛上驻扎了 2.3 万人，美国为 7 万人左右。而且美国为整个战役准备的各型枪弹平均到每个日本人头上是 1 万发以上，相比之下，日本准备的各型枪弹平均到美国人头上不过是个位数，更不用提美国人吃肉罐头随便吃，而日本人吃个饭团都要省下来。除了武器生产外，美国万吨级的商船平均一周左右就能产出一艘，最短的只需要 4 天，全国数十个大小船厂可同时开建。这种级别的后勤能力，让日本望尘莫及。

所以，从一开始这场战争的结局就已经注定了——美国拥有的是碾压级别的优势，日本没有一丝一毫获胜的可能。现在再回过头看珍珠港事件，美军的损失只能给日本人心理上的安慰，对战争的走向几乎没有影响。

事实上，在当时，即使是德意日三个轴心国加起来，也不足以与美国相抗衡，更不用说美国还有欧亚大陆的其他同盟国的助力。无论有没有"二战"，美国都是当之无愧的头号强国。毋庸置疑，新的"多买家社会"早已赋予了它强劲持久的发展动能。

第七章

进步的密码:从无买家到多买家的变迁

我们所在的世界是一个万花筒。肤色各异的人种,千奇百怪的风俗,多姿多彩的城市,面貌迥异的乡野……这就是所谓的"大千世界,无奇不有"。从整个历史的全景视角来看,差别就更大了——一个古埃及人到了现代美国社会,可能和一个地球人来到了外星球没什么两样。生活习惯、文化习惯和社会发展带来的差异,使得我们要从复杂的世界、纵向的历史中去寻找一些世界发展运行的规律,变成了一个极其困难的艰巨任务。

很多杰出的历史学家已经做了很多这方面的工作。但和他们不同,这本书并不是去找历史规律,而是寻找发展动因。正如前面所说的,按照社会发展内因的不同,可以分为"无买家社会""一买家社会"和"多买家社会"——不管各个国家的时空相距多么巨大、社会形态多么不同,都可以从这三种形态去梳理它的发展脉络和内在动能。不同的社会形态、能力赎买机制和核心价值体系,让社会发展有了不同的发展动能。

1. "无买家社会":血统承绪,无法突破的阶层天花板

"无买家社会"的核心判断标准就是血统,一个人生下来就被确认了身份,阶层完全固化。对绝大部分老百姓来说,依血统而定的贵族阶层是"投胎技术好",无血统"加持"的人无论如何努力也无法突破天花板。

在"无买家社会"中,大部分人无法改变自己的命运,权力只存在于极小的一部分人手中,整个社会因此缺乏改变的动力。这正是"无买家社会"发展缓慢的原因。

自秦朝以来,中国虽号称是延续两千多年的大一统王朝,但实际上在这期间是有"血统论"回潮的,这个时期也正是衰落期——魏晋南北朝。前有强汉,后有盛唐,都是典型"一买家"社会治理形态,也是中华文明的巅峰期。而夹在中间的魏晋南北朝,却恰恰因为向"无买家"形态倒退,造成了中华文明的阶段性低谷。

比如东晋的陶侃,也就是著名诗人陶渊明的曾祖父,就是个被血统耽误的名将。陶侃是个不太走运的人,早生三百年或者晚生三百年,他应该都会有名得多。

陶侃是鄱阳郡人，生于魏甘露四年（公元259年），自幼家贫，只能靠在县里做小吏谋生。在讲究门第出身的魏晋时代，他原本没有什么机会出头。一次偶然的机会，鄱阳郡的孝廉范逵途经陶侃家。陶侃妈妈剪了头发卖钱，为这位尊贵的稀客置宴。离开的时候，陶侃又相送百余里。临别之际，范逵问了句陶侃是否想到郡里任职。就是这句话，彻底改变了陶侃的命运。

不久，寻阳县鱼梁吏陶侃升任庐江郡督邮，领枞阳县令，其中就少不了范逵在庐江太守张夔面前对他的举荐。走出了第一步，陶侃的仕途就通畅了许多。后来他一路升官到洛阳，成为刘弘的幕僚。

"八王之乱"后期，镇守荆州的新野王司马歆遭乱军所杀，朝廷任命刘弘都督荆州军事，刘弘临行前，征辟陶侃为南蛮长史。在刘弘去世以后，荆州先后换了几任主官，局势越来越乱。后来周𫖮任荆州刺史时，被群盗逼迫得无处容身。关键时刻，时任武昌太守的陶侃解了周𫖮的围。后来王敦接纳了前来投奔的周𫖮。王敦出身于当时一等一的大族——琅琊王氏，他见陶侃将才出众，于是推荐陶侃任荆州刺史。

尽管在地方上功绩卓著，朝野上下也都认为陶侃是经世大才，但陶侃兜兜转转，始终只在地方上打转：荆州、广州、交州、江州……就是进不了中心城市建康。陶侃晚年几乎已经都督过天下诸州军事，也依然只是个外围人物。建康的核心圈子对他而言，一直可望而不可即。

第七章 进步的密码：从无买家到多买家的变迁

晋明帝在设置辅政大臣的时候，不管是他自己还是他身边的重臣，都不会想到推举陶侃。陶侃想进入辅政名单只是一厢情愿。虽然辅佐晋成帝七个辅政大臣的资历与才华远远不如陶侃，但这几个人，无一不是出自名门大族。

归根结底，一切都是因为陶侃的出身。最终，陶侃在荆州刺史的任上病逝。临终时，陶侃的头衔已经有持节、侍中、太尉、都督荆江雍梁交广益宁八州诸军事、荆江二州刺史、长沙郡公。他官爵虽隆，但大家都知道，他还是那个永远都入不了朝、融不进建康核心官僚圈的陶侃。在以门第血统论英雄的魏晋南北朝，不断挽狂澜于既倒的"救火队员"陶侃最终能得到的，也就是一声叹息吧。

在三国两晋南北朝存续的三百多年，中国大地的主基调是分裂和战争，所以政治晋升上注重血统。魏晋时期的选官制度——九品中正制——虽然也认能力，但血统也是遴选人才的重要一部分。这个时候，上层统治者更多地提"孝"而不提"忠"，这个显然是向认血统的"无买家社会"的某种倒退。像陶侃这样的能人无法得到重用，也就怪不得魏晋时代社会发展缓慢、中华文明陷入低潮了。

无论是东方还是西方，都曾经经历过"无买家社会"时期。这个时期的典型特征是封建分封，等级森严，少部分贵族掌握权力，共治国家。这样的治理结构稳定却缺乏活力，国家上下的价值认知也趋于不改变现状、安天由命。

现在很多人推崇所谓的贵族精神,但推崇者大部分不知道贵族精神的实质。为什么贵族总是作为将领身先士卒、冲锋陷阵,这是因为贵族的身份和地位。贵族的血统直接代表了"无买家社会"中的利益,他必须誓死捍卫。但如今并非处于"无买家社会"的人去强调所谓的贵族精神,未免就显得有些不知所谓甚至可笑了。

"无买家社会"中大部分人的阶层天花板已经注定了,无法激发人们改变命运的动力,严重阻碍了社会的进步,因而被"一买家社会"代替也就不奇怪了。

2. "一买家社会":华山独到,凌绝顶到底有多难

"一买家社会"是个认能力的社会,通过唯一的买家来裁决收益,进行能力赎买。《史记》里有一句中国人再熟悉不过的古话:王侯将相,宁有种乎!

"一买家社会"总体上依然缺乏为社会创造增量的动力,分配模式会在社会存量上做文章。存量是有限的,皇权过于强势,王作为买家主宰着整个利益分配的模式,其位置就显得极度重要。

正是因为如此,围绕唯一买家所引发的争夺就显得尤为激烈,这也是陈胜喊出"王侯将相,宁有种乎"的原因。不管是外敌入侵还是底层起义造成的王朝更替,都是"王权"过大惹的祸。

第七章 进步的密码：从无买家到多买家的变迁

这是典型的"买方市场"，对于贡献能力的"卖方"其实不是那么友好。我们从全球范围内历史最长、买方市场制度最完备的中国可以看出端倪。

一个古代中国平民，要成为吃皇粮的官员，实现阶层跃升，虽然已经有了通路，但实际上也是很不容易的。中国的选官制度经历了千余年的变迁，先是汉代的察举制，后来经过魏晋南北朝的九品中正制，以及由隋唐开始后来延续千年的科举制度，最终形成了古典社会中最先进的选官制度。

身为大买家的皇帝偶尔也会为科举这种人才遴选制度"做广告"。宋真宗赵恒曾写下《劝学诗》，诗句很直白地说出了读书成才、得到买家（皇帝）赏识的诸多好处，"书中自有千钟粟""书中自有黄金屋""书中车马多如簇""书中自有颜如玉"。大致就是说读书做官后前途一片光明，吃住不愁、出行有车、美人在侧……种种好处都会接踵而至。

然而，科考中考中进士是很不容易的，其难度远远超越了现代中国的高考，说是万中选一也不为过。

科举考试一般分为院试、乡试、会试三个阶段。通过院试的被称为"秀才"，之后参加乡试，乡试每三年一次，只有考中秀才的人才有资格参加，考中则为举人。之后再需参加第三级的全国性选拔考试，即会试，考中即被称为贡士。

至此，贡士们才刚刚拿到通往殿试的入场券。殿试是由皇上亲自"面试"。能杀出重围进入殿试的都是凤毛麟角的佼佼者,而有缘高中的前三名分列为状元、榜眼、探花。

这样的考试,一般要考几次能中呢?所谓"三十老明经,五十少进士"。很少人能像明朝的丁显那样一战成名,17岁即中状元。大多数人还是需要经过多年努力,其中不乏为人熟知的文化名家。比如,"唐宋八大家"之首的韩愈曾三次落榜,32岁终得进士;《聊斋志异》的作者蒲松龄71岁才得贡生。

而且考中进士,即可加官晋爵,成为"官勋阶级"。以清朝为例,最低一级的官员,九品文官年俸是白银33两,除此之外,朝廷还有其他福利,包括大米、绢帛等。乾隆时期一两白银,相当于今天的267元。而此时江南富庶地区的佃农,一年也才收入10石粮食,仅仅约15两白银。

为了打破"上品无寒门,下品无士族"的局面,宋朝在维系科举考试公平性方面开创了诸项先河,成为后世的典范。宋朝开始,"取士不问世家",官宦子弟和平民百姓站在同一起跑线上进行公平对决。它一方面防止选官制度的垄断之弊,另一方面可以把人才选拔的权力收归朝廷。

不仅如此,嘉祐五年(1060年),宋仁宗废除了明显偏向皇家子弟的"公荐"制,建立"宗子试"制度,皇室宗亲也同样要参加科考。为了避嫌,主考官的子弟、亲戚参加考试还需要另立考场,改换考官,即"别头试"。

社会风气也很好地约束了官宦子弟的晋升通道。虽然到了明清时期,舞弊现象多发,但不可否认的是,科举制度本身确实为阶级流动提供了一个开口，也为社会带来了风清气正的结果。

17、18世纪，在西方传教士的宣传下，中国的科举制被当时欧洲各国广为赞誉。科举制作为一种社会政治精英的选拔机制，对近代西方文官政体的形成与发展具有深刻影响。西方人把中国看成是西方文官制度的故乡。

汉武帝用"独尊儒术"赋予了"一买家社会"意识形态内核，消弭了秦帝国运行维护成本过高的危机，也让东方文明第一次强势崛起。隋唐的科举制度给"一买家社会"带来了更科学、更合理的上升通道，重启了文明崛起之路，东方文明因此再度崛起。

3."多买家社会"：万类霜天，自由竞逐推进社会发展

工业革命在技术上开启了人类的进步之路，其意义不言而喻。

很多人认为工业革命是英国崛起的主因，然而英国的崛起时间却要比工业革命早一百多年——工业革命之前，英国的工业产值就已经是世界第一了。那么，英国崛起背后的奥秘又是什么呢？其实纵观英国数百年的崛起历程，其发展动力的核心是英国的制度精神，这正是英国不同于他国的特殊优势所在。

英国的这种制度精神来自著名的《大宪章》。《大宪章》的内容中影响最为深远的便是"王在法下"的原则。英国的国王地位

虽然崇高,但也要被法律准则约束。《大宪章》确立起来的这些原则,受到后来英国人的持续推崇和认可,并被他们用来强调制度限制权力的合理性。《大宪章》是贵族们认可国王的先决条件。换而言之,如若英国国王不承认《大宪章》,那么贵族也就不会认可国王的地位。所以整个中世纪后期,英格兰国王上台之后都需要不断地确认《大宪章》,每一次确认,都会使《大宪章》的地位得到进一步的加强。《大宪章》的制定,标志着英国由"一买家社会"向"多买家社会"的过渡。

"多买家社会"的特点是:结果导向。卖家竞争、买家竞价,从而形成较为公平的赎买机制,真正做到"能者上,庸者下",甚至买家和卖家的位置都可以形成互换,任何有能力的卖家都可以成长为买家。

"多买家社会"制度成立的核心在于法制,由公平的机制判定结果,而不再是像"一买家社会"那样,只是人为评判。这样,独立法制系统和立法监督也随之而来,并逐渐发展到需要民主监督的阶段。

与"一买家社会"只是分配存量的方式不同,"多买家社会"是在增量上做文章,买家在争夺资源的同时创造增量,最终所分配的是整个社会的增量。在这样的机制之下,人们的动力更强,整个社会的增量也实现了真正的快速增长。

《大宪章》之后,"多买家社会"渐渐成为世界的主流,西方主要国家都逐步进入"多买家社会"。"多买家社会"的激励体制催生了工业革命，从而使得人类财富的增量实现了指数级的增长。

如果把人类的历史分为两段，工业革命就是一个合适的分割点。罗伯特·卢卡斯说："一旦人类思考经济增长问题，就很难再思考其他问题。"恰恰是工业革命后的250多年，经济增长才成为人类社会发展的常态。换句话说，人类的历史虽然长达250万年，经济持续增长的时间却只有250多年而已。但是这250多年生产的财富总量，占到了人类生产财富总量的99.9%。[①]

4. 结语：游戏规则的变迁史

对于整个社会的进步而言，进步的密码就存在于"多买家社会"之中——"多买家社会"改变了社会财富分配的游戏规则，从而使人类社会迸发出比之前的"一买家社会"和"无买家社会"强大得多的发展动能。

在人类数千年的文明史中，我们可以看到从"无买家社会"到"一买家社会"，再到"多买家社会"的清晰发展脉络。对于一个稳定成长的社会而言，财富的创造与分配涉及生产能力、阶层关系、上层建筑和社会共识，这几大方面全部匹配后，才会形成稳定的社会结构。如果出现不匹配的情形，社会分配机制就将

---

① （英）萨利·杜根、戴维·杜根.剧变：英国工业革命[M].北京：中国科学技术出版社，2018年。

面临重置。中国的秦代就是一个典型的例子,虽然建立了"一买家社会"的体制,但并未形成社会共识,最终引发了国民的强烈反弹,直到汉武帝确立"独尊儒术"后,"一买家社会"才得以完全确立。

"无买家社会"持续的时间足够长,但生产力和社会发展动能极为低下;"一买家社会"迅速占据世界发展主流之后,全面淘汰了低效的"无买家社会"国家或政权;"多买家社会"在仅仅经历了两三百年的发展,就使得部分国家快速崛起,并推进了整个世界的发展。在整个人类的发展史上,这一套社会分配机制和游戏规则的逐步递进,对全球各国的经济、技术和生产的推进起到了极为重要的作用。

第三部分

由"无买家社会"到"一买家社会",再到"多买家社会"的变革成果

【内容摘要】 欧洲的英国、法国、德国及美洲大陆上的美国率先进入"多买家社会",并在工业革命之后逐渐成为世界霸主。亚洲国家经过战争洗礼后,在独立发展之中纷纷吸取了"多买家社会"的管理经验,重新激活了生产发展的原动力,迈入了社会发展的新纪元。

第八章

改革开放:再次腾飞的中国龙

　　从大历史的视角来看,古代中国的王朝更替似乎总在经历一种周而复始的治乱循环:一个王朝从兴起到繁荣,再从繁荣到衰落,乃至最终沉寂,其循环历程与一年四季的循环变化十分相似。所谓"君子之泽,五世而斩",意思就是,无论一个王朝如何强大,都逃不过这个历史周期律的运转规则。

　　工业革命之后,曾经长期居于世界前列的中华文明开始逐渐落后于西方,从19世纪到20世纪的百年间,落后的中国在列强的坚船利炮下蒙受屈辱。从清末以来,追寻自我变革,是这个古老文明重新崛起的重中之重。

　　但对于沉疴已久的中国来说,想要通过变革再一次崛起是极其艰难的。新中国成立前,无数仁人志士求索不止,但都没有成功。

英国诗人雪莱有一句著名的诗:"冬天已经来了,春天还会远吗?"今天我们要说的,就是一个关于春天的故事。

1. 十八好汉的生死状

几乎每个中国人都或多或少听过《水浒传》一百零八条好汉的故事。而在现代中国历史上,也有这样一群"好汉",他们用一张印满手印的"生死状",开启了波澜壮阔的大历史。

这十八位"好汉"来自安徽凤阳小岗村。凤阳是明朝开国皇帝朱元璋的故乡,他势力壮大后在凤阳营造了中都城和皇陵,小岗村离至今仍巍然矗立的中都城墙只有数公里的距离。

对于淮河岸边的小岗村村民来说,1978年的冬天格外寒冷。小岗村是以严氏家族为主的一个小村子。在那个年代,小岗村是当地著名的"吃粮靠返销,用钱靠救济,生产靠贷款"的贫困村。与此同时,这年秋天,安徽省又发生了百年难遇的特大旱灾,小岗村又是重灾区之一,真是雪上加霜。全村20户115名社员,守着800多亩的田地,却连饭都吃不上。

当时的惨状,经历过的人依然记忆犹新。村民严金昌回忆说:"地荒、人穷、集体空,吃不饱,饿得难受,饥寒交迫。"严金昌过年前到江苏做活,直到年初五才回来,刚到家,妻子就哭着对他说,过年家里好不容易买了2斤肉,舍不得吃,就放到筐里,吊在屋梁上,哪想到猫把筐扑了下来,肉被狗吃了,孩子们过年一口肉都没吃到。提起此事,妻子痛苦不已。

另一位村民严立华和很多村民一起开始了"碗当鼓,盘当锣,偷偷摸摸下南乡"的讨饭生活。然而没人会给饭给有手有脚的中青年男人,他们只能让家里的女人背着小孩出去要饭。严立华说,每当看她们出门走的时候,自己的眼泪都直往肚子里流。

其实小岗村有人有地,按理来说,即使有旱灾,也不应该出现吃不上饭的悲剧。但在那个年代,小岗村还是实行平均主义的供给制和工资制,干活上是"大呼隆",分配上是"吃大锅饭"。大家做多做少一个样,这在很大程度上束缚了人们的生产积极性,导致了生产产出严重不足。

到了这个时候,小岗村的村民们已经意识到,不改变是不行的了。这样下去,他们别说吃饭,可能连野菜都吃不上了。

作为村民眼里的"能人",严宏昌在这一年当上了小岗村生产队干部。严宏昌是个颇有想法的人。他跑到堂哥严学昌家中问他想不想分田单干?严学昌认为,集体干活,大家都磨洋工,还是单干好。没过几天,他又悄悄跑到村民关庭祖家中劝说:"一亩自留地上,顶二十亩生产队的地,分田单干?"关庭祖说,干。靠着单线联系,严宏昌跑遍了生产队20户人家,大家都表示愿意分田单干。通过摸底,严宏昌心里有底了。

1978年11月24日,20户人家派出的代表齐聚在村民严立华的破草房里。严宏昌给大家念了一张协议,协议是这么写的:"我们分田到户,每户户主签字盖章,如以后能干,每户保证完成每户的全年上交和公粮。不在(再)向国家伸手要钱要粮。如不成,我们干部作(坐)牢剎(杀)头也干(甘)心,大家社员也保证把我们的小孩养活到十八岁。"

这张"大包干"(意为"分田单干")的协议在当时的中国算得上是独一份。因为地是集体的,分产到户是新中国成立后从来没有过的事情。在当时的社会风向中,人民公社制度是广大农村施行已久的制度,签了这份协议,"杀头"罪可能不至于,但"坐牢"的风险是很大的。

"大包干"需要很大的勇气。小岗村的村民们连"托孤"的退路都想好了,即使丢掉性命也要搏上一把。18个人面色凝重,在协议上写下名字并按了手印。作为牵头人,严宏昌按了两次,20个手印的上端,都有他单独按下的一个手印。队里一共20户人家,因为两户是家属代按,不算数,所以最后一共是18户签下了这份生死状。

世上没有不透风的墙,分田单干的消息很快传了出去。

"我被带走了,地委就保我,我又回家了,白天,天天有人找我谈话。那一年心理负担挺重的,不停地抽烟叶子。"严宏昌说,1979年几乎一整年,他白天都干不成活,全是妻子下地。可妻子一个人根本忙不过来60亩土地,他就趁着晚上去帮忙,经常一天只睡两小时。

但他们所有的付出都是值得的。1979年10月,严宏昌收了两万多斤麦子。他自己留下3 000斤当口粮,剩下的全卖掉了。那年他赚了200多元钱——要不是为了还生产队的外债,他余下的钱还能多得多。

200元在当年可以算得上是一个"天文数字"。200元钱是工作年限20年以上的人3~4个月的工资,可以买200多斤猪肉、1 000多斤的大米或白面、2吨多大白菜……在那个食品还很匮乏的年代,这简直就是个奇迹!

到了1980年,再也没有人找严宏昌谈话了。可他家依旧门庭若市,来自全国各地的人来他家学小岗精神,他白天要接待这些人,又只能趁着晚上去地里干活了。

签"生死状"的时候,严宏昌有140多斤,一年下来,他瘦到了110多斤。但是他一点也不觉得累,总觉得浑身有使不完的劲,他要与时间赛跑,他要把之前耽误的时间赶回来。1980年,60亩地,一季麦子收了两万多斤,一季稻谷也收了两万多斤。

整个小岗村也发生了翻天覆地的变化。1979年秋,实行"大包干"的第一年,小岗村取得超级丰收:粮食总产13.3万斤,相当于之前4年产量的总和;油料总产3.5万斤,相当于之前20年产量的总和;交售粮食6.5万斤,是多年以来第一次向国家交售余粮;交售油料2万斤,超过任务80倍;小岗村历史上第一次归还国家贷款800元,人均收入达400元,是1978年的整整18倍。也就是说,小岗村的生产能力有了数倍甚至数十倍的提升,人们的生活与收入水平也有了至少十余倍的巨幅提升!

小岗村的村民们并没有想到,他们签署的这一纸协议,会对整个国家的历史进程产生如此深远的影响。

2. 白猫黑猫,什么样的才是好猫

在小岗村的村民们签下协议的前一年(1977年),南京也发生了一件看似不起眼的小事。

一个夏天的夜晚,在江苏省人民医院里,一位中年男人在房外陪守病房内的妻子。在医院里没有地方睡觉,酷暑高温也难以入眠,他干脆就把《马克思恩格斯选集》《列宁选集》和《毛泽东选集》带到医院,就着病区走廊上的灯光查阅资料,蹲着身子在椅子上草拟前两个月想好的文章提纲。实在瞌睡了,就把三张椅子拼起来躺一会,睡醒了再看、再写、再改。5天后,妻子出院了,他这篇文章的提纲也大致写成了。

这个人的名字叫胡福明,是南京大学哲学系的党总支副书记和副主任。在当时,他就已经敏感地意识到,一个巨大的转折即将到来。

1977年9月,胡福明按照在医院构思好的大纲写出了文章,寄给了在一次会议上认识的《光明日报》的记者王强华。寄出去之后好几个月都没有动静,直到第二年的1月,胡福明才收到了回函。之后的几个月里,王强华和胡福明多次通信。王强华在信中告诉胡福明,文章可以发表,但需要做一些修改,理论上要更加完整和严谨,表述上要更贴近现实、更有战斗力。

1978年4月上旬,经过近3个月的修改,胡福明的《实践是检验真理的唯一标准》经中央党校哲学教研室主任吴江等人的斟酌修改,最终于4月27日定稿。

这篇文章原定在《光明日报》哲学副刊第77期上发表,但新任总编辑杨西光看完这篇文章后,觉得放在哲学副刊发表可惜了,作为重要文章,要放在头版发表,这样影响更大。于是,这篇文章先在中央党校5月10日出版的《理论动态》上刊出。第二天,也就是5月11日,由《光明日报》以"本报特约评论员"的名义头版刊发。

小岗村的大包干意味着底层民众的行动自觉,而这篇文章的发表则是标志着知识阶层与决策阶层的思想自觉。可以说,这两个事件在同一年出现,意味着整个国家从上到下都已准备就绪,中华大地上,一场史无前例的巨大变革即将来临。

《实践是检验真理唯一的标准》刊发后,新华社当天就全文转发,5月12日,《人民日报》和《解放军报》转载,紧接着一场全国性的关于真理标准问题的讨论拉开了序幕。《实践是检验真理的唯一标准》一文在党内外和广大干部群众中激起了强烈反响。

1978年6月2日,邓小平在全军政治工作会议上发表讲话,在关键时刻给真理标准问题的讨论以有力的支持。中央和地方报刊发表了许多阐述"实践是检验真理的唯一标准"的文章,作者包括当时的各级领导。关于真理标准的大讨论在全国可以说开展得如火如荼,异常热烈。

同年年底,对中国具有深远历史影响的中共十一届三中全会在北京召开了。

在这一次全会前,已经召开了为期三十六天的中央工作会议。邓小平在会议闭幕式上作了题为《解放思想,实事求是,团结一致向前看》的讲话,为随即召开的中共十一届三中全会作了充分准备。邓小平的讲话实际上成了中共十一届三中全会的主题报告,把全党的工作重点转移到社会主义现代化建设上来也成了中共十一届三中全会的中心议题。

中共十一届三中全会是一个伟大的起点,中国从此进入了改革开放和社会主义现代化建设的全新时代。

小岗村的村民没有想到,他们成了历史进程中伟大的先行者之一。事实证明,包产到户所激发出来的潜力极为惊人。1980年年末的有关统计显示,坚守在人民公社阵营里边的地方的产量不增不减,包产到组的地方增产10%～20%;包产到户的地方增产30%～50%。

1980年春节前,时任安徽省委书记的万里专门来到小岗村考察,看见家家粮满囤、户户谷满仓的场景后,他非常高兴。此后,对于不时传来的反对"大包干"的声音,万里认为"大包干"有助于增产,应继续进行。万里的公开表态,让小岗村的村民们吃下了定心丸。

1980年5月31日,邓小平在《关于农村政策问题》的谈话中指出:"'凤阳花鼓'中唱的那个凤阳县,绝大多数生产队搞了'大包干',也是一年翻身,改变面貌。有的同志担心,这样搞会不会影响集体经济。我看这种担心是不必要的。"[①]

1980年9月27日,中共中央印发了《关于进一步加强和完善农业生产责任制的几个问题》的通知,指出,可以"包产到户",也可以"包干到户",并在一个较长的时间内保持稳定,"大包干"从此有了全国"户口"。到1981年底,全国已有90%以上的生产队建立了不同形式的农业生产责任制。

从1982年到1984年,中央连续三年以"一号文件"的形式,对"包产到户"和"包干到户"的生产责任制给予了充分肯定,并在政策上积极引导,从而使包产到户和包干到户的生产责任制迅速在全国广泛推行,人民公社制度随之解体。此后,家庭联产承包责任制不断完善,最终形成农村土地家庭承包经营制度。

到20世纪80年代末90年代初的时候,小岗村由1978年的20户人家繁衍到了33户,全队粮食总产由3万多斤增长到了50万斤,人均纯收入从22元增长到了640元,耕牛由4头发展到19头,户户有了电视机、自行车,全队已有19台拖拉机。

与此同时,凤阳县地区生产总值从1978年的7 450万元增长到1988年的56 543万元;财政收入从917万元增长到2 531

[①] 邓小平.《邓小平文选》[M].北京:人民文学出版社,1994年,第315页。

万元;农民人均收入从 61 元增长到 521 元。

根据中国国家统计局的数据,1978 年全国粮食总产量仅有 6 000 多亿斤,家庭联产承包责任制建立之后,激发了广大农民的积极性,解放了农业生产力,促进了粮食产量快速增长。全国粮食总产量在 1984 年达到 8 000 多亿斤,到 1993 年,全国粮食产量突破 9 000 亿斤,此后 14 年间分别于 1996 年全国粮食总产量第一次达到 10 000 亿斤,2012 年全国粮食总产量达到 12 245 亿斤,比 1978 年翻了一倍,2017 年全国粮食总产量达到了 13 232 亿斤。

经济作物也获得了巨幅增长。比如棉花,1978 年全国棉花产量仅有 217 万吨,2012 年达到了 661 万吨,增长了 3 倍。再比如油料,1978 年全国油料产量仅有 522 万吨,2012 年增加到 3 286 万吨,2017 年全国油料产量达到 3 475 万吨,相当于 1978 年的 6.66 倍。

1984 年 10 月 20 日,中共十二届三中全会在北京举行。会议一致通过《中共中央关于经济体制改革的决定》并明确提出:进一步贯彻执行对内搞活经济、对外实行开放的方针,加快以城市为重点的整个经济体制改革的步伐。

这意味着经营模式的改革从农村走向了城市。二十天后的 11 月 9 日,由姜维创建的光彩实业有限公司经国务院特批成立,成为改革开放后的第一家私营企业。此后,民营企业与外资企业一起,在中国蓬勃发展,与国有企业、集体企业一道,成为中国特色社会主义市场经济中不可或缺的一部分。1999年中国明确非公有制经济是社会主义市场经济的重要组成部分,2004年保护私有财产写入《宪法》,这些都很好地保证了民营企业和外资企业的权益,成为促进经济发展和人民就业的有效保障。

国有企业同样进行了多样化的改革。1986年全民所有制企业改革启动,国务院发出《关于深化企业改革增强企业活力的若干规定》,提出全民所有制小型企业可积极试行租赁、承包经营。全民所有制大中型企业要实行多种形式的经营责任制。各地可以选择少数有条件的全民所有制大中型企业进行股份制试点。

企业的改革改制大大激发了企业和员工的生产积极性。2001年,中国加入世贸组织更是为广大企业提供了广阔的发展空间,从此,中国制造业实力不断提升,逐渐成为"世界工厂"。据统计,至2017年,中国的钢铁、水泥、汽车等220多种工业品产量居世界第一,制造业增加值达到24.3万亿元,规模相当于1978年的175倍。服务业也快速发展,成为拉动国民经济增长的重要动力和新引擎。

从中共十一届三中全会开始,以邓小平为核心的党中央逐步开辟了一条建设中国特色社会主义的道路,40多年来,中国沿着这条道路取得了举世瞩目的建设成就。

邓小平早在1962年接见出席中国共产主义共青团三届七中全会与会人员时,就谈到了对恢复农业生产和包产到户的看法。他引用刘伯承经常说起的四川谚语:"不管黑猫白猫,只要捉住老鼠就是好猫"来表达自己的态度,这句话后来也演变成了著名的"白猫黑猫论"。1986年1月,邓小平被美国《时代》周刊评选为年度风云人物。"不管黑猫白猫,捉到老鼠就是好猫"这句话也被摘登在《时代》周刊上,"白猫黑猫论"也随之扩大到世界,成为世界人民知晓的名言。

"白猫黑猫论"充分体现了邓小平在制度设计上的务实态度。作为改革开放的总设计师与掌舵者,在重要的历史关头,邓小平显现出了一个杰出领导人的非凡智慧与勇气。1978年,在万马齐喑、思想回潮的时候,他高瞻远瞩,在中共十一届三中全会上破除了思想障碍,开启了中国的大未来;1992年,在前路彷徨、摇摆不定的时候,他拨云见日、指明航向,在南方谈话中一锤定音。

可以说,改革开放开启了中国通向未来的正确道路。在古老的神州大地,寒冬终逝,春天已至。

3. 春天来了:中国首次"多买家社会"实践

小岗村的变化给了整个中国一个很好的启示——分配方式的变革能极大地促进生产的提升。从大历史的角度来看,这一次的变革堪比两千年前的商鞅变法,它极大地改变了分配方式,让"多买家社会"形态首次在中国大地上生根落地。

在确立国家发展方向的中共十一届三中全会上,通过了一个颇具分量的重要文件——《中共中央关于加快农业发展若干问题的决定》。这份文件中有25条政策,从这些"破冰"的政策中我们可以看到改革的总体思路,从而找寻社会变化的原因。

这25条政策中较为重要和具有指导性的是前三条。

第一条是这样写的:"人民公社、生产大队和生产队的所有权和自主权应该受到国家法律的切实保护,任何单位和个人都不得任意剥夺或侵犯它的利益。在坚持社会主义方向,执行国家政策、法律、法令,接受国家计划指导的前提下,人民公社的基本核算单位都有权因时因地制宜地进行种植,有权决定增产措施,有权决定经营管理方法,有权分配自己的产品和现金,有权抵制任何领导机关和领导人的瞎指挥。"

一份严肃的国家政策文件出现"瞎指挥"这样带有一点情绪的口语,可见这份政策对于人为干预企业或机构经营的强烈否定。突出经营主体的自主性,显然是这一条政策的最大诉求。

第二条写道:"任何单位和个人,绝对不允许无偿调用和占有生产队的劳力、土地、牲畜、机械、资金、产品和物资。国家各部门在农村举办各种企事业(农民自愿举办的各种企事业不在内),除了国家有法律法令规定的以外,决不允许给集体和社员增加任何负担。举办农业基本建设,发展社队企业,都要坚持自愿互利的原则。在国家计划以外,任何单位不准向社队抽调劳动力;计划内抽调的合同工、临时工,必须签订合同,规定合理报酬。"

"不得无偿调用和占有生产队各类资源""不允许给集体和社员增加任何负担"这是在保护经营主体的自主性和自身利益。另外值得注意的一点是,"无偿调用和占有"实际上还是以人的意志为主,而"必须签订合同,规定合理报酬"凸显了契约的重要性,这在当时是一个了不起的进步。

第三条指出:"人民公社各级经济组织必须认真执行各尽所能、按劳分配的原则,多劳多得,少劳少得,男女同工同酬。加强定额管理,按照劳动的数量和质量付给报酬,建立必要的奖惩制度,坚决纠正平均主义。"

这是非常关键和重要的一条,"坚决纠正平均主义""按劳分配""同工同酬"是当时社会条件下打破"大锅饭"、解放生产力关键的举措之一。

总的来看,《中共中央关于加快农业发展若干问题的决定》这份文件的核心主旨就在于增强经营主体的自主性与独立性,促进按劳分配,同时反对行政干预,强调契约精神。

中共十一届三中全会的政策为农业经营主体"松绑",提倡按劳分配,虽然仅局限于农业,但从大的层面上来说,已经为建立起统一量度的新的社会分配机制迈出了具有指引意义的第一步。在当时的社会而言,这是一个巨大的突破。

1982年,中共中央批转《全国农村工作会议纪要》,正式确认了农村联产承包责任制,专业承包、联产计酬、联产到劳、包产到户,从而在农村和农业领域正式确立了结果导向的分配制度。

农村的改革短期即可见到成果(作物大幅增产),而且从党中央(关于真理标准的讨论)到普通民众(以小岗村为代表的大包干实践)都比较认可,在数年之内相对顺利地确立了新的分配制度,大大促进了生产发展。

同时,中国城市的制度改革,情况更复杂,过程也更漫长。

1979年,中国在深圳、珠海、汕头和厦门试办特区。这四个特区开始是叫"出口特区",第二年才改为"经济特区"。这也可以看出,办特区的初衷是为了扩大地方和企业的外贸权限,鼓励增加出口。但实际上,在与港澳台的经济往来时,尤其是随着港澳台外资企业的逐步进入,也带进来思想观念、企业管理制度等多方面的冲击与融合。

经济特区是"先行先试"的典范。港澳台地区的先行示范为特区发展提供了全方位的参考与借鉴。尤其是靠近香港的深圳,从香港获取了很多有益的经验,逐渐成为民营经济十分活跃的城市之一。

中国能在不到50年的时间里快速崛起,其秘诀在哪里呢?这是一个不太容易回答的问题。我们应该看到,这里面起作用的因素很多,但有一点是非常关键的。"王侯将相,宁有种乎",中国人天生是有向上奋斗的意愿的,而五千年的文明史中,有很长一段时间里大部分人的这种愿望是被压制的,"一买家社会"的森严等级和顶层统治者的绝对话语权,很大程度上抑制了社会整体的创新活力和前进动能。

改革开放是华夏文明史上第一次开启"多买家社会"制度模式的实践,这个政策给了企业和大多数人相对公平的发展空间。正如中共十一届三中全会的三条重点政策所体现出来的,各经济主体经营独立,各劳动者按劳分配,重视契约、反对人为主观干预,这些制度都是激活中国社会活力的关键。

英雄不问出处,只要努力、勤奋、敢于挑战、永不放弃,就有可能改变自己的命运。对个人来说如此,对企业来说也是如此,这也是多买家社会推进社会进步的真谛所在。

人们都说,中国是被唤醒的巨龙。但对一条巨龙而言,只有身上的每一个细胞都被唤醒,才会爆发处强大的生命力。改革开放的伟大之处,就是激活了大多数企业和大多数人的创造活力。

4. 苏醒的巨龙:国家发展史上的伟大奇迹

在中国,建造一条青藏铁路需要多久?2020年,中国向全世界展示了自己的答案。

建设青藏铁路是党中央、国务院在21世纪之初做出的战略决策,是西部大开发的标志性工程,对加快青藏两省区的经济、社会发展,增进民族团结,造福各族人民,具有重要意义。青藏铁路由青海省西宁市至西藏自治区拉萨市,全长1 956公里。

被誉为地球第三极的青藏高原,以其海拔高、空气稀薄、含氧量少、紫外线强烈、常年积雪、气候复杂而著称于世。青藏铁路建设面临着生态脆弱、高寒缺氧、多年冻土和狂风扰乱工作等几个世界性难题,在建设过程中创造出了许许多多国内外"第一"。

整条青藏铁路修建时为解决青藏高原"生态脆弱"这一难题,在设计时就遵循"能绕避就绕避"的原则进行规划,尽量避免破坏植被,而且铁路沿线还修建了25处野生动物迁徙通道。青藏铁路开工建设以来,沿线冻土、植被、湿地环境、自然景观、江河水质等,得到了有效保护,青藏高原生态环境未受明显影响。例如位于海拔4 500多米的可可西里无人区的清水河特大桥,全长11.7公里,是青藏铁路线上最长的"以桥代路"特大桥,也是整个青藏铁路格拉段建设的重点控制工程。为保护野生动物,修建此桥时特意为野生动物开辟迁徙通道。

为了攻克冻土难题,自青藏铁路开工建设以来,铁道部先后安排了上亿元科研经费用于冻土研究,并组织多家科研院校的专家,对青藏铁路五大冻土工程实验段展开科研攻关,获得了大量科研数据和科研成果,冻土攻关取得重大进展。青藏铁路的冻土研究基地已成为中国乃至世界上最大的冻土研究基地。

除此之外,青藏铁路建设的过程还创造了不少其他的纪录,如风火山隧道、昆仑山隧道、三岔河大桥、长江源特大桥等。一步步"通关",由一个个单独的建筑奇迹最终汇成了"青藏线路"这个了不起的奇迹。

2006年7月1日,青藏铁路全线通车。青藏铁路开通后,75%的进出藏物资将由铁路承担,进一步加快西藏、青海两省区的经济发展,促进青海与西藏经济社会又快又好发展。

这种奇迹其实在改革开放后的中国不断发生。

1978年以后,在不到半个世纪的时间里,中国成就了伟大的发展事业,而工业的发展与成就只是中国奇迹的一个方面。1980年,中国GDP仅为3 000亿美元,2015年则达到了18亿美元,成为世界第二大经济体。1980年对外贸易总额不到400亿美元,而2015年这个数字翻了100倍,达到了4万亿美元。2015年,中国每16周的经济增长量相当于一个希腊。2005年时,中国每两周全国的建设量能建设一个当时的罗马城。中国建设了庞大的高铁网络,高铁里程超过其他国家总和……类似的成就可以说不胜枚举。

中国巨龙的腾飞充分证明了改革开放的正确性,而它所激发出来的潜能,是促使一个社会进步的真正密码。

第九章

从明治维新到战后改制:日本的两次逆袭

如果按照地缘政治学的观点来看,18世纪的日本可以说几乎没有任何发展的势能。

当时的日本正处于江户时代,在幕府统治下,政治昏聩、阶层僵化、人民困苦。日本国土狭小,和它隔海相望的是中、俄这两个体量巨大的国家。日本本土几乎没有任何可以促进近代工业发展的战略资源,国内受过教育的人少得可怜,受过系统科学技术教育的人几乎没有。无论从哪方面来看,这个国家都没任何可挖掘的潜力,更不用说成为一个有全球影响力的工业国家。

然而,就是这样一个疆域狭小、资源和人才都极度匮乏的"小国",却能在明治维新之后快速崛起,还打败了昔日的清朝,以及疆域广阔、工业发展远早于自己的沙俄,成为东北亚地区的新霸主。

是什么推动了日本的崛起呢？让我们从日本历史发展的轨迹来透析其背后原因。

1. 大洋彼岸来的黑船

1853年7月8日,日本德川幕府的咽喉要地江户湾相州浦贺发生了一个意外事件。

这一天是日本嘉永六年的六月初三,许多日本居民在岸边来来往往,与平日似乎没有什么不同。有人望向海面时,忽然看到了前所未见的奇特景象:四座如同小山一般的黝黑巨船从远处驶来,其中的两艘船发出巨大的轰鸣声,粗粗的"桅杆"顶端还不断冒出浓厚的黑烟。

这是美国海军的四艘军舰,其中两艘是蒸汽动力明轮护卫舰。四艘军舰中最大的"萨斯喀那号"排水量达到了2 450吨,最小的"萨拉托加号"排水量也有882吨。为了防止船只上的金属部件生锈,这四艘军舰的船体都被抹了厚厚的黑色柏油,远远望去,就像是四座黑色的小山一般。当时江户时代的日本国内,比较大型的运粮船被称为"千石船"。千石船的最大运载能力也不过数十吨而已,比起这些军舰来说无疑是小巫见大巫了。当时的日本人从来都没有在海上见过这样的庞然大物,他们惊呼这些"小山"为"黑船"——这就是日本近代史赫赫有名的"黑船

第九章 从明治维新到战后改制:日本的两次逆袭

来航"事件。①

这四艘美国军舰的统帅是美国东印度舰队司令官、海军准将马休·卡尔布莱斯·佩里,他率领四艘巨舰来到日本,当然不是为了游览观光。就在日本民众惊魂未定地望着这几艘战舰议论纷纷之际,四艘美国军舰已在海面一字排开,船上的数十门大炮直接对准了江户湾岸上的岸防炮台!

来者不善!事情很快被通报给了孝明天皇,天皇却对此一筹莫展,只能一边谕示幕府不要忘记他们保卫日本的责任,一边一连十多天亲自前往神社祈祷,乞求海上的"神风"能摧毁来犯的黑船。

但是这一次,他们没有元朝舰队侵袭日本列岛时的幸运了,不管天皇怎么祈祷,海上始终风平浪静,"神风"终究没有到来。当时手掌大权的德川幕府当然不会不知道,就在十多年前的鸦片战争中,中国清政府与英国人的舰队作战,也因为失败而被迫签下屈辱的不平等条约——《南京条约》。此次前来日本的四艘美国军舰在规模上虽远不及当初鸦片战争时的英国舰队,然而美国人派出的四艘军舰上有63门大炮,而当时整个日本在江户湾部署的海防炮在射程及火力可与之相比的也只有20门左右,仅相当于对方的1/3不到,实力差距非常悬殊。

在"不开国就开火"的威吓下,德川幕府颇有些首鼠两端:他们一方面不敢拒绝开国的要求,害怕直接开战;另一方面又担心

---

① (日)三谷博.黑船来航[M].北京:社会科学文献出版社,2017年。

接受美国人的国书之后,会引起全国上下的不满。幕府知道对抗必然失败,但又不甘心就此放弃锁国政策,因此采取"能拖一时是一时"的拖延政策。最终,幕府在不得已接受国书时,派当时担任幕府首席老中的阿部正弘对美国人说,需要得到天皇的批准方可接受条约,并提出来年春天再给美国人答复。

佩里递交的国书中有美国总统菲尔莫尔要求的三项内容:日本开港、保护美国遇难船员、提供煤水补给站。耐人寻味的是,国书中还提到了,美国的蒸汽快船只需要 18 天即可跨过浩瀚的太平洋,从美国西海岸抵达日本。其中的恫吓意味,不言自明。

在递交国书的时候,还有一个互赠礼物的细节,足以说明当时的幕府有多么的孱弱与无力。佩里送给幕府的是昭示工业文明先进与强大的火车机车模型和电报机,而幕府却只能回赠以当时日本作为农业文明国家的珍贵象征——大米。讽刺的是,当时唯一显现出日本"力量"的,竟然是日本派来搬运大米的力士。

第二年 2 月 11 日(嘉永七年一月十四日),佩里如约而至。这次他带领 7 艘军舰、200 门大炮和 1 000 多名战斗人员再次莅临江户湾。这次美国人的"黑船"更多,火力更猛,吨位更大,美国人显然是有备而来的,即使日本在半年间有所准备,也一样难以抵挡这支强大的舰队。

面对美国人的坚船利炮,日本人直接屈服了。依照菲尔莫

第九章　从明治维新到战后改制：日本的两次逆袭

尔总统的国书内容,幕府在 1854 年 3 月 31 日与美国签订了《日本国米利坚合众国和亲条约》(即《日美神奈川条约》)。条约同意美国船只在下田、箱馆两港停泊和购买物品,同意在下田设置领事等,同时规定了给予美国最惠国条款。两个月后,双方又在下田签署《日美神奈川条约》的附件,作了更详细的规定。从此,封闭了两百多年的日本国门终于打开了。

事情很快传到了欧洲,俄、荷、英等欧陆列强就像是闻到了血腥味的鲨鱼一样接踵而至。日本先后与俄国、荷兰、英国、法国签订了通商条约。

"黑船来航"彻底改变了日本社会的走向。按理说,日本人对逼迫日本接受不平等条约的美国舰队应该心存怨恨才对,然而今天的日本人对于"黑船"的态度却颇为耐人寻味。

日本人非但不憎恨"黑船来航",反而隆重纪念了这一事件。他们在神奈川县横须贺市的久里浜建立了佩里公园,专门纪念舰队司令马休·佩里。他们在当年美国远征军登陆的地点竖立了纪念碑,上面有近代日本政治家伊藤博文书写的汉字题词——"北米合众国水师提督伯理上陆纪念碑"。每年的 7 月 8 日,佩里公园里都会有一场由民间组织的纪念活动——"黑船祭"。在"黑船祭"的表演活动中,当年入侵日本的美国远征军是以英雄的身份出现的。

日本人的这种态度确实引人深思。"黑船来航"带来了《日美神奈川条约》,给了美国人最惠国待遇和治外法权,但同样也让日本人从震惊之中苏醒。他们发现腐朽的幕府制度早已不适应这个时代,日本与西方存在着难以跨越的巨大差距,只有向西方学习,才能让日本变得更强大。

从这个角度上来说,尽管当年佩里率领强大的"黑船"舰队迫使日本签订第一份不平等条约,但后世的很多日本人并不视之为仇敌。相反,佩里及"黑船"的到来,间接促使了幕府倒台,使得日本开始向近代化转变,并从此走上富国强兵之路。不少日本人有感于此,将佩里视为日本的恩人。在"黑船来航"之后,务实的日本人以西方为师,开启了日本社会的巨变之门。

2. 菊与刀:扶桑之国的百年巨变

从 18 世纪下半叶到 19 世纪上半叶,整个世界发生了翻天覆地的变化。美、英、法、俄等欧美列国在经历工业革命之后,逐渐成为竞逐全球的世界级强国,它们开始为本国急需的生产原料、倾销市场、殖民地与转运站向远东投送力量并做好了长期经营的策略准备。而此时,幕府治下的日本依然固守锁国政策,在东北亚独居一隅。从整个世界的视角来看,日本平平无奇,甚至可以说几乎没什么存在感。

西方人原本对孤悬亚欧大陆之外的岛国日本不感兴趣,然而,13 世纪的《马可·波罗游记》让西方人开始审视起日本来。马可·波罗把日本描述成一个距离中国 2 400 公里的"黄金之国",日本人用黄金盖成了国王的宫殿,在宫中用4厘米厚的金砖铺满道路和房间的地板,甚至用金子做窗户框……尽管这些记载明显不符合事实,但这本书无疑大大提升了西方人探索日本的兴趣。"黑船来航"就是在这样的背景下发生的,而美国人的出现也彻底改变了日本的命运。

日本人之所以对"黑船"抱有一定的感念之情,和当时日本国民的境况有很大关系。当时日本的大部分国民生活困苦,很多人对等级制下缺乏生气的德川幕府统治深怀不满,"黑船"突然出现,让一部分日本人受到极大的震撼,认识到本国与外部世界的巨大差异,改变日本现状的愿望也由此变得越发强烈。

其实,成为变革阻碍的德川幕府,曾经也有过辉煌的历史,但时移世异,19世纪依然固守四民等级制度的日本和实施着闭关锁国政策的德川幕府,已经和全球的变革潮流背道而驰。

庆长二十年(1615年),德川家康在大坂夏之战中率军灭丰臣氏,统一全国,自此开创了三河德川氏对日本的统治。德川幕府统治日本的时期,因为把京都迁到了江户(今东京),所以也被称为"江户时代"。

德川幕府继承了丰臣秀吉时代确立的四民等级制并将其发扬光大,这也成了德川统治时期最突出的时代烙印。

1591年,丰臣秀吉颁布《身份统制令》,宣布"禁止武士成为百姓、町人;禁止百姓弃田不耕或从事工商业;禁止武士擅自离开主公"。四民制度由此以法律形式固定,并在随后的德川时代延续了下来。

四民中的"士",指的是武士,将军、大名(地方诸侯)是武士的首领。"农"即农民,专门从事农业生产。而"工""商"两个阶层主要是指商人和手工业者,他们也被称为"町人"。除了四民外,还有贱民阶层,他们也被称为秽多、非人,从事一些卑贱的职业。

除了日益僵化、不合时宜的四民等级制度外,幕府还施行闭关锁国的政策,禁止外国的传教士、商人与平民进入日本,不允许国外的日本人回国,甚至还禁止制造远洋航行的船只。在幕府时期,日本仅开放长崎港作为对外港口,与中国、朝鲜和荷兰等国通商。

"黑船来航"事件及后续签订的一系列不平等条约激起了日本国民对于幕府的强烈不满。本来就与幕府有矛盾的皇室公卿、地方强藩联合起来,提出"尊王攘夷"口号,尊奉天皇,直接对抗幕府和西方列强。

1862年年底至1863年年初,尊王攘夷派策动天皇下诏,令幕府定期宣布攘夷(废约、闭港、驱逐外国人)。在压力之下,幕府被迫答应天皇实行攘夷,通告各国公使将关闭港口。随后,长州藩、萨摩藩先后与英、法、美列强爆发冲突,并在京都发动倒幕政变。但在幕府与西方列强的联合绞杀下,尊王攘夷派失利。

尊王攘夷派失败后,只能选择武装倒幕。以西南四强藩(长州、萨摩、土佐、肥前)为首的倒幕运动不断发展,而幕府讨伐长州藩的行动却以撤兵告终,局势逐渐逆转。

1867年,孝明天皇盛年去世,太子睦仁亲王即位为明治天皇。11月8日,明治天皇下达讨幕密敕。随即第二年发布《王政复古大号令》,宣布废除幕府,令德川庆喜"辞官纳地"。德川庆喜拒不接受,戊辰战争由此开始,以中下层武士和町人为主的新兴群体成为倒幕的中坚力量。最终幕府战败,末代将军德川庆喜被迫奉还大政于明治天皇,由此揭开了整个日本历史上的重要一页。

1869年6月,明治政府强制实行"版籍奉还""废藩置县"政策,将日本划分为3府72县,建立中央集权式的政治体制,一切权力集于天皇一身。1871年,明治政府开始派大臣前去欧美考察,考察回来后,提出了富国强兵、殖产兴业、文明开化等口号,在社会制度、文化习惯、土地财税、科学技术、教育军事等各方面进行全面革新,这即是著名的"明治维新"。

"明治维新"的大部分改革以西方国家为模板,如在金融财政方面,设立央行(日本银行)、统一货币,许可土地买卖;在教育方面,推行义务教育,在各地中心城市建立帝国大学,并派留学生出国,培养高级科技人才;在军事方面,参照西方国家军队改革军队编制,陆军参考德国训练,海军则参考英国海军编制;在文化方面,学习西方社会文化及习惯,翻译西方著作,历制上停用阴历改用公历;在科技方面,招聘外国专家,积极引进西方技术与近代设备,建立了一批以军工、矿山、铁路、航运为主的国有企业等。

对日本社会产生更加深远影响的是社会体制的革新。明治政府废除了"士、农、工、商"的四民等级制度,将皇室亲缘关系者改称为"皇族",过去的公卿诸侯等贵族改称为"华族",幕府的幕僚、大名的门客等改为"士族",其他从事农工商职业者和贱民一律称为"平民",实现了形式上的"四民"平等。政府同时颁布武士《废刀令》,废除武士特权,还通过公债补偿形式,逐步收回华族和士族的封建俸禄。这样,一个天皇集权、阶层逐渐流动的新型社会体系在维新后建立起来了。①

教育方面,日本明治政府设立了文部省,颁布《学制》,建立了8所公立大学,245所中学,53 760所小学;军事方面,改革军队编制,于1872年颁布征兵令,1873年时作战部队动员可达40万人;交通方面,兴建新式铁路、公路,到了1914年,日本全国铁路总里程已经超过7 000公里;司法方面,仿效西方制度,于1882年订立法式刑法,于1898年订立法、德混合式民事法,于1899年订立美式商法。

"明治维新"后,日本展现出了极为惊人的发展势能。1868年,日本全国只有405家工业企业,而且主要是手工工场,几乎没有机器作业;1893年,工业企业增加到3 344家,且绝大部分是机器工业。蒸汽动力船总吨位从1.5万吨猛增至11万吨,比

---

① (日)坂野润治.未完的明治维新[M].宋晓煜译.北京:社会科学文献出版社,2018年.

"明治维新"前几乎增长了10倍。铁路里程数也出现井喷,1872年日本第一条铁路——东京(新桥)至横滨(樱木町)间铁路通车;到了1914年,日本全国铁路总里程已经超过7 000公里!

"明治维新"后,国力日盛的日本先后废除了幕府时代与西方各国签订的一系列不平等条约,牢牢把握自己的命运,最终进入了近代化。

由此,日本完成了第一次巨变。仅仅20多年,日本就从一个积贫积弱的农业小国逆袭成为一个能与西方列强一争长短的工业强国,不能不说,这是一个在整个世界史上都极其罕见的奇迹。

然而,随着天皇的全面掌权,崇尚武力的狼群社会特征也开始显现,日本也快速转变为一个军国主义国家。甲午战争中日本击败中国、日俄战争中日本击败沙俄之后,日本的野心开始日渐膨胀。

在"明治维新"后的半个多世纪里,日本发动了侵华战争,并加入轴心国同盟,成为第二次世界大战的主要参与方。

此后,在"黑船来航"事件发生近百年之后,美国军舰再一次以征服者的姿态驶入东京湾。这一次是满载排水量达52 000吨的"密苏里号"战列舰,而新一任"佩里船长"就是大名鼎鼎的道格拉斯·麦克阿瑟。1945年9月2日,作为西南太平洋战区盟军司令的麦克阿瑟在密苏里号战舰上正式接受日军投降。

在"二战"期间,麦克阿瑟曾指挥美军在太平洋战场上消灭了上百万的日军,可以说是太平洋战争获胜的首功之人。战后,作为同盟国的美国对战败国日本实施了单独军事占领。一举拿下日本的盟军司令麦克阿瑟就成了最佳人选。日军无条件投降后,麦克阿瑟被任命为驻日盟军最高司令。自此,麦克阿瑟就常驻日本,开始统管日本的战后重建工作。在此后的六年时间里,麦克阿瑟乾纲独断,被誉为日本的"太上皇"。

当时日本天皇依然在位,"太上皇"的意思就是凌驾于天皇之上。其实,麦克阿瑟所做的也并非只是大权独揽那么简单,他从顶层入手,彻底地改变了日本社会。他革除了天皇的"神性",让日本社会从天皇专制向民主宪政迈出了一大步。

出于稳定和收服人心的考虑,麦克阿瑟在盟国一片废除天皇的呼声中,顶着压力坚持保留了天皇制,使日本万世一系的菊花王朝得以延续,这也被日本人视为麦克阿瑟最大的德政。[①]

但与此同时,麦克阿瑟也毫不客气地让被视为"神"的天皇堕落凡间。而在此之前,日本国内从上到下都宣称天皇为"神",从日本人接受教育的那一刻起,这种观念就深入人心。然而麦克阿瑟改变了这一切。

1945年9月27日,麦克阿瑟在美国驻日大使馆约谈了裕仁天皇。裕仁天皇对麦克阿瑟说:"在国民进行战争时,我对于在政治和军事两方面所作的一切决定和行动负完全责任,我就

[①] 隋淑英.麦克阿瑟与日本"和平宪法"的制定[J].《齐鲁学刊》,2008年第4期。

是以这样的身份,为了听任贵方所代表的各国对我自己进行裁决而来拜访的。"之后,裕仁天皇和麦克阿瑟谈了很久。裕仁天皇表示自己是日本的神,在日本人的精神层面中,自己扮演了极其重要的角色。为了日本的稳定,裕仁天皇请求麦克阿瑟保留自己的神格。然而,麦克阿瑟却并没有同意。

会谈过后,麦克阿瑟主动要求裕仁天皇与自己合影。照片上的麦克阿瑟身材高大,身着军便服,双手叉腰,神情自若,相比之下,身旁的天皇佝偻着背,个头矮小,神情拘谨。两人谁才是日本的"神",一望即知。此外,麦克阿瑟还笑着对美国记者说:"裕仁天皇比我想象中要好,他就像我的儿子一样。"

对于日本政府来说,这样的照片有损国体,太伤天皇的尊严,准备禁止各报社发行第二天的报纸。然而盟军总部当天就发出指令:"报纸必须照常发行。"慑于盟军的威严,日本政府被迫让步,在报纸上刊发了照片。照片上鲜明的对比给日本国民造成了极大的心理冲击,很多人开始重新认识天皇的所谓"神性"。

最终,裕仁天皇于 1946 年 1 月 1 日发表"人间宣言",最终否定了自己的"神性",承认了自己只是个普通人。

这只是麦克阿瑟改变日本社会的第一步,但也是最重要的一步。麦克阿瑟修改了《大日本帝国宪法》,让日本妇女享有选举权,同时释放政治犯,倡导言论自由,增加了义务教育的年限,要求学校停止军国主义灌输,向日本的士农工商各阶级普及维权的知识,并将土地低价出售给农民,让他们获得生存的基础。可以说,他全面而深刻地改变了日本社会的阶层结构,天皇主导的皇权社会在日本已经一去不复返了。

日军投降时,在"密苏里号"上,作为盟军受降代表的麦克阿瑟说了这样一段话:"代表着地球上大多数人民的我们,并不是带着怀疑、恶意、憎恶的念头聚集到这里来的。从过去的流血与杀戮当中,在自由、宽容、正义之下,创造出建立在信赖与理解的基础之上的、能够带给人们尊严与希望的更加美好的世界,是我所热切盼望的。这也是整个人类所期望的。"

当时的普通日本人会觉得这只不过是冠冕堂皇的表面文章,然而,事实证明,麦克阿瑟的确是以此为信条对待日本的。

出乎很多人意料的是,废除天皇神性的麦克阿瑟并没有被日本人指责,大多数日本人对他抱有感激甚至崇拜的情感。在占领日本期间,麦克阿瑟每天都会收到大量的感谢信,甚至还有一些少女诉说仰慕之情的表白信。除了信件,他还会收到竹器、木器、绘画、食品等各式不同的小礼物。

麦克阿瑟受到拥戴绝非偶然,也并非日本人崇拜力量的天性使然。他的变革开辟了普通日本人的上升通道,使得一人专制的社会快速转型为大部分人享有上升机会的社会。

在麦克阿瑟离开之后,日本社会的再度变革已经完成,战后废墟中的日本再一次快速崛起。

美国总统特使小埃德温·卓克在1945年10月中旬交给杜

鲁门的一份报告中说:"日本大城市的整个经济结构已经被摧毁。""二战"过后,包括长崎、广岛在内,日本的66个主要城市已经被炸毁,这些城市总计40%的地区被破坏,至少30%的人无家可归。在最大的城市东京,65%的住宅被摧毁。在日本第二和第三大城市大阪、名古屋,这一数据分别为57%和89%。

在这样的境况之下,战后日本的经济发展速度堪称奇迹。据统计,1960—1970年,日本的工业生产年平均增长16%,国民生产总值年平均增长11.3%。战争结束24年后,1968年,日本的国民生产总值超过联邦德国,成为资本主义世界第二号经济大国。

到了1986年,日本的黄金储备达到421亿美元,位居世界第二;1987年,日本的外汇储备超过联邦德国,居世界首位;1988年,日本的人均收入达1.9万美元,超过同期美国的1.8万美元。1988年,根据权威的美国《商业周报》统计,世界排名前30名的大公司中,日本占了22家。

在明治维新第一次崛起百年之后,日本再一次成为世界强国,完成了不可思议的第二次逆袭。

本尼迪克特在自己的作品《菊与刀》中说:"菊花和刀两者都是这幅画中的一部分。日本人既好斗又和善,既尚武又爱美,既蛮横又文雅,既刻板又富有适应性,既顺从又不甘任人摆布,既忠诚不二又会背信弃义,既勇敢又胆怯,既保守又善于接受新事物,而且这一切相互矛盾的气质都是在最高的程度上表现出来的。"矛盾中的日本在短短百余年时间内完成了两次社会转型，转变之大，可以说前所未有。社会转型激发出了惊人的发展潜能，让日本两次快速崛起，其中的原因，正是我们需要追寻的真相。

3. 日本："多买家社会"的东方先行者

决定历史走向的主因永远是人而非其他因素。在明治维新中，科技、教育、财政等各方面的革新只是表征，真正的内在原因在于社会阶层制度的巨大变革——正是四民等级制度的覆灭和新的阶层流动体制，让日本人焕发出了全方面的潜能，推动了国家的飞速进步。

"士、农、工、商"四民等级制度被德川时代的日本儒学家荻生徂徕极力提倡。荻生徂徕认为"四民"各自承担着职责：农民耕种养活世界，工人制作家用供世界之用，商人往来于世界人之间帮助流通，士则治乱安天下。[①] 各阶层之人各司其职、相辅相成，士农工商缺一不可。为此"四民"应该"相亲、相爱、相生、相承、相辅、相养、相匡、相救"，才能构成一个合理的社会。徂徕把君主比喻为父母，"四民"皆为帮助君主安天下的"役人"。

武士居于四民制度的顶端，德川时代，日本武士约占全国总人口的 6%，是德川时期的统治阶层。武士阶层不事生产，居住

---

① 吴芳. 荻生徂徕与日本四民[J]. 载《人民论坛》，2011 年第 17 期。

在远离土地的"城下町"(町即市集、街市之意),拥有诸多特权,每月可领取禄米。最能体现其特权的是"苗字带刀","苗字"即在正式场合可自报姓名,而佩刀特权甚至使得武士在其他阶层面前拥有生杀大权。

农民占日本总人口的 4/5 以上,专门从事农业生产,并且被严格限制在土地上。而"工""商"两个阶层,也就是"町人",其实在原本的制度设计中是依附于武士阶层、为武士阶层服务的。在武士居住的城下町中专门划出"町人町",供町人居住。处于四民中最末一层的町人,人口约占日本总人口的 6%。四民阶层占日本总人口的 90% 以上。除了四民外,还有主要是散居于荒郊村落、从事卑贱职业的贱民阶层,即秽多、非人。

其实,德川幕府之前的镰仓幕府、室町幕府虽然挟天子以令诸侯,但严格来说并不算是一个中央集权政府,而是由各地的守护大名(类似诸侯)参与的松散联盟。这种脆弱的联盟也是日本进入残酷的战国乱世的主要原因。

战国结束后,德川家康建立了一个占据绝对优势力量的中央幕府,对下实行分封制的幕藩体系,并成功维持了将近三百年的统治。

在德川幕府统治下,天皇虽然名义上是国家的最高统治者,享有崇高威望,但实际上并无实权,因为实权掌握在幕府将军手中。将军直接管理全国 1/4 的土地和许多重要城市,其他地区则分成大大小小两百多个"藩",藩的首领大名听命于将军,世袭统治地方。将军与大名都养着家臣(即武士),武士从将军或大名那里得到封地和禄米,其地位同样世袭罔替。这构成了幕府统治的基础,形成了由幕府和藩构成的封建统治制度。

可以说,当时的日本社会远不像荻生徂徕描绘得那样完美。在这种制度设计里,可以看到整个日本社会处于一种等级分明的状态。各个阶层依照血统划分,缺乏流动,一成不变。这是典型的无买家社会特征,极大地束缚了各个阶层改变自身命运的动能,社会也处于低水平发展的痼疾之中。

随着时代的发展,荻生徂徕的理想世界变得越来越不合时宜。很多人对这种等级森严的社会制度颇有微词。福泽谕吉在《文明论概略》中描述说:"就好像日本全国几千万人民,被分别关闭在几千万个笼子里,或被几千万道墙壁隔绝开一样,简直寸步难移……这种界限,简直像铜墙铁壁,任何力量也无法摧毁。"

可以说,即使没有"黑船"的出现,这种制度的倒台也是必然的,只不过"黑船"的出现,加速了日本社会的变革速度。

在混乱的日本战国时代结束后,武士阶层拱卫幕府及各地大名,起到了维系国家稳定的作用。但随着和平时代的到来,武士阶层日益成为一种占用资源却又不创造任何价值的阶层。德川幕府后期,阶层与阶层之间的"铜墙铁壁"开始变得不那么稳固了,社会阶层之间逐渐有了流动,而且这种流动变得越来越多、越来越难以被控制。①

阶层之间的流动主要是社会财富分配所引起的。幕府强行维持的分配制度在新的形势下变得支离破碎。商业发展使得町人阶层快速崛起,占据了大量财富,而中下层的武士阶层却日渐贫困。这给整个社会体系带来了极大的冲击。

德川幕府末期,武士阶层的贫困可以说是时代的某种必然。当时,幕府及各地大名收入减少,克扣武士禄米的情况时有发生。德川时期的著名儒学家太宰春台在《经济录拾遗》中就曾写道:"近来诸侯不论大小,因国用不足贫困者甚多,借用家臣俸禄,少则十分之一,多则十分之五六……"这让很多武士的生计受到了影响。

更重要的原因在于德川幕府后期发生了严重的通货膨胀,其他商品的上涨幅度要高于大米。由于武士需要将禄米交换成货币来维持生活开销,但其他商品的价格上涨,武士却仍然领取一成不变的禄米,实质上意味着收入的相对下降。赫伯特·诺曼的《日本维新史》中说:"德川时代一个中级武士的平均收入大约是 100 石禄米,按照当时的生活标准,这大概相当于一个富农的收入,而全体武士收入的平均数则在 35 石之下,这就将众多的武士置于和农民同样的经济水平。"昔日高高在上的武士阶层,其经济地位实际上仅相当于普通的农民。

---

① 张熹珂.德川时代后期武士阶层的社会流动及其启示[J].载《探索与争鸣》,2015 年第 10 期。

而与此形成鲜明对比的是,伴随着贸易的发展,町人的财富增加极为惊人,据统计,德川时期町人占据了全国九成以上的巨额财富!町人高高在上的经济地位无疑与其"低人一等"的社会地位产生了极大的反差。

在这样的情况下,经济上的困顿让部分武士乐于"鬻爵",即"出售"自己的阶层地位。由此,双方各取所需的"持参金养子"现象就出现了。

所谓"持参金养子",是指来自町人家庭的儿子(一般是次子、三子而非长子)从家中携带财产到武士家庭做养子,成为武士的继承人,从而实现阶层跃升。养子制度的存在,本质上是一种打破旧有体制的潜流,即不同阶层打破自然血缘关系的社会流动。

尽管德川幕府严令禁止这种破坏社会阶层稳定的行为,但"持参金养子"现象屡禁不止,大量来自町人家庭的养子进入武士家庭,《身份统制令》成为一纸空文。这实际上促成了"武士町人化"的现象。除了向町人阶层流动外,作为掌握着知识的精英阶层,不少中下层武士开始转行从事医生、教师等工作。

由此,"武士"和"町人"成为日本社会中强大的中坚力量。他们联合较早接受西方思想的大名(藩地诸侯),形成了财富、知识、地位兼具的新生势力,并与渴望变革的广大农民形成了"倒幕派"的中坚力量,最终促使了日本社会形态的巨变。从这一层意义上来说,"黑船"入侵带来的西方先进思想与技术,实质上起到了催化剂的作用,促成了日本社会变革的发生。

在明治维新之后,社会阶层固化的藩篱被打破,福泽谕吉所说的"铜墙铁壁"被大幅削弱了,日本成功由"无买家社会"转型为"一买家社会",部分国民可以改变自身命运、实现阶层跃升,他们的潜能被快速激发出来,并带动了整个日本社会的大幅进步。

麦克阿瑟为日本带来的则是另一番图景。他废除了"一买家社会"的根基——天皇至高无上的"神"性与权力,建立了结果导向、群雄竞逐的多买家社会。这种社会的跨越让日本在经济上取得了巨大的成功,比起明治维新后的经济成就甚至还要更胜一筹。

改变日本,当然不只是废除天皇权力那么简单。1945 年 10 月 4 日,盟军总部发出关于民权自由的指令,要求日本政府立即解除对政治、公民和宗教权利的一切限制,废除一切镇压和压制法令,释放一切严格意义上的政治犯,取消一切新闻检查,解散一切镇压机构和宪兵队。

这是一个明显的信号,意味着麦克阿瑟将用美式的治理思维来对日本进行全面改造。

1946 年元旦,裕仁天皇发表《人间宣言》,宣布自己不是神而是人,自我否定其所拥有的神权。1946 年 2 月 3 日,麦克阿瑟命令幕僚起草宪法草案,该草案由前言和正文 92 条组成,这就是所谓的《麦克阿瑟草案》。日本政府以这个草案为蓝本制定了日本的宪法草案,于1946年3月6日公布。

麦克阿瑟对自己的"杰作"非常自得,他在回忆录中甚至认为这部宪法是占领当局后最重要的成就,因为它给日本人民带来了他们前所未有的自由与权利。

麦克阿瑟所言不虚。这部宪法最大限度地吸收了各国宪法中有关保障国民权利的条款,并结合日本的实际加以充实和扩大,成为当时的国家宪法中关于国民权利规定最详细的一部宪法。

新宪法取消了天皇总揽国家一切统治的权力。同时,废除天皇制的支柱——军部以及辅佐天皇的枢密院。战前日本议会分为众议院和贵族院,贵族院的权力大于众议院。战前的议会不对选民负责,而对天皇负责。麦克阿瑟通过改革,取消了贵族院,设众议院和参议院,两院均由20岁以上男女公民直接选举产生。

宪法规定了国民的义务和权利,特别是过去政治地位很低的妇女,从此也和男人一样享有选举权和被选举权。

新宪法草案出台后不久,日本根据新的选举法举行了战后第一次国会选举。在这次选举中,多达1 300多万名妇女首次获得了选举权。当选的议员来自各个阶层,其中有39名妇女。

宣布结果的第二天,一位法律界人士就来到了麦克阿瑟的总司令部。原来东京的一个妓女以25万余张的高得票率被选进了国会众议院,法律界人士对此忧心忡忡。但麦克阿瑟坚持认为，选举是神圣的，被选上就说明这是她应得的。随后，麦克阿瑟给包括那位妓女在内的全体当选议员发了贺信。

麦克阿瑟不仅在政治上给日本国民赋权，在经济领域，他同样也进行了破局。

长期以来，日本 4/5 左右的工业和金融财富集中在像三菱、三井、住友、安田这样的大财阀手中。麦克阿瑟认为，这些大垄断公司是专制的化身和腐败的摇篮，不利于经济发展，必须遭到解散。

但经济上的改制比起政治更难，解散财阀的工作遭到日本方面的抵制。直到 1946 年 4 月，日本政府才成立控股公司整理委员会，开始对主要财阀的财产进行调查和核算。根据调查结果，日本政府分批公布了控股公司名单。同时，占领当局也公布了财阀家族名单，并规定财阀必须交出所控制的股票，交出的股票，一半以上作为财产税上缴，其余由控股公司整理委员会公开出售。1951 年 7 月，日本政府宣布解散财阀的工作结束。

事实上，解散财阀的工作并不算彻底，这也是日本现在依旧存在旧财阀的原因。尽管如此，麦克阿瑟还是取得了相当大的成功，日本开始显现"多买家社会"最积极的效果，普通国民开始有机会在经济上大展拳脚，大批优质企业崭露头角，新的企业集团开始出现。

除此之外，麦克阿瑟还不遗余力地推行土地改革。

战前日本的土地制度是寄生地主制，约有一半耕地集中在少数地主手里,他们依靠收取地租即可活得自在逍遥,而广大农民则生活困顿。麦克阿瑟称这种不平等的所有制为实质上的奴隶制,使得生产力水平低下,严重阻碍了日本的发展,这一切必须改变。

1946年6月,麦克阿瑟向日本政府提出自己的土改方案:由国家征购不在村地主的全部出租土地,然后以分期付款方式转卖给佃农;在村地主保有的土地为1町步(约合0.4英亩),超过部分也由国家收购;每一农户的自耕地不超过3町步;残存出租地的地租改为以货币支付。

这场改革,堪称战后日本最成功的改革。到1950年,共有约500万英亩的土地被征购,475万余户佃农(相当于农户总数的75%)买到了土地,85%以上的可耕地转到自耕农手中。

这无疑大大提升了日本农民的积极性,解开了束缚日本农业发展的枷锁,开辟了全新的发展道路。

在政治与经济上给了国民自主权后,麦克阿瑟还注重打破思想束缚。他从教育着手,培养新一代摆脱君主专制和军国主义影响、具有自由思想的新国民。

"二战"结束之前的日本,政府对学校实行集中控制,教科书中充满了对天皇的崇拜、军国主义和极端民族主义,其目的在于严格控制对青少年的培养,使之成为没有思想和人格的、绝对服从天皇意志和国家政策的工具。

麦克阿瑟在占领之初即提出"实行学校教育自由化、以培养民主国家国民为宗旨"的进步的教育制度,以改变日本人的性格与志趣,造就向往自由与和平、具有独立人格的新一代人。为此,他特地要求华盛顿派教育使团来日本,对日本教育的历史与现状进行了考察。美国教育使团向麦克阿瑟提交的一份报告书指出,日本教育的改革方向是尊重人权和机会均等,培养具有多样性、自发性和创造性的人。为此,它提出要大幅削减文部省的行政管理权,由监督行政改为指导行政;设立地方教育委员会,以实行彻底的地方教育分权化;实行单轨制教育,使人人都有上大学的权利。

在麦克阿瑟的支持下,日本颁布新教育法,彻底废除了战前极端民族主义的、天皇至上的教育敕语思想体系,树立了以美国为样板的、以尊重个人价值和尊严为前提的、旨在培养充满独立自主精神的和平爱好者与社会建设者的自由教育思想体系。日本学生第一次享受到以开发智力为主要目的的教育,它完全改变了日本青少年的性格与志趣,打破了"一买家社会"的思想枷锁。

日本的两次崛起,对于同为东方国家的中国来说有很大的启示作用。为何中国的戊戌变法失败,而明治维新却成功了呢?在不过短短的百余年间,日本就实现了两次快速崛起,没有任何地缘优势的日本是如何做到的呢?这是个值得思考与探讨的话题。

日本的江户在德川末期已经是百万人口级的大城市,而各地的城市化也在不断发展。低效的社会体制几乎无法养活如此之众的城市人口。在"活下去"的渴求之中,变革的愿望变得异常强烈。城市化与农业国的落差,既是日本快速转型的基础,也是迫使日本社会变革的内在压力。而晚清中国的城市化与商业化程度在当时并不如日本,农业人口仍占据人口的绝大多数,这也使得中国的变革诉求远不如日本强烈。

日本"一买家社会"持续不过百年左右,根基不深,迈向"多买家社会"的阻力也相对要小得多。而持续两千余年"一买家社会"的中国,从上到下都存在着极大的变革阻力,不像日本那样有强烈的社会内部诉求,能比较容易地形成变革合力。直到20世纪80年代,经过一百多年的尝试与革新,中国才逐步走向"多买家社会"。

另一个因素在于中国对于外来文明的接受程度与日本截然不同。日本是小船,中国是巨舰,小船转身快,巨舰掉头难。《全球通史》中谈及日本时说:"可以说日本人离大陆非常近,足以从伟大的中国文明中得到益处;但又可以说非常远,可以随意选择和拒绝。"日本对于当时西方先进文明的接受更多地基于这种现实主义、拿来主义的心理,而中国作为数千年独立发展的文明大国,其民族的心理状态和历史惯性,都决定了中国不会如此快速地全盘接受其他的文明经验,更何况还有被以战争方式打开国门的惨痛经历。

我们可以从日本的飞速进步中得到有益的思考与启迪。

第九章　从明治维新到战后改制：日本的两次逆袭

在1951年4月麦克阿瑟被解职时,时任首相的吉田茂在向全国发表的广播讲话中高度称赞了麦克阿瑟。吉田茂说:"麦克阿瑟将军为我国利益所做的贡献是历史上的一个奇迹,是他把我国从投降后的混乱凋敝的境地中拯救了出来,并把它引上了恢复和重建的道路,是他使民主精神在我国社会的各个方面牢牢扎根。"

这话并非过誉。麦克阿瑟回国时,他除少数日本高官外没有通知任何人。但当他坐上汽车时才发现,从他下榻的官邸直到厚木机场,上百万日本人自发地站在街道两旁为他送行。当车队经过时,日本人不停呼喊"大元帅"来表达他们对麦克阿瑟的敬仰。

麦克阿瑟得到的尊崇与荣耀远远超过"黑船来航"时的美军统帅佩里。麦克阿瑟之所以能得到绝大部分日本国民的支持与拥戴,原因在于他解决了日本的种种难题。战后日本缺乏粮食,遇到了严重的匮乏危机。他协调美国粮食源源不断地运到日本,这些粮食几乎占了日本居民全部配给量的80%以上,使日本国民度过了这段最艰难的时期。然而,最让日本人感念的,还是他解开了国家与国民发展的层层束缚,壮大了日本原来的经济结构,让日本从此迈入了"多买家社会"的高速发展期,从一片废墟中建成了世界第二大经济体。

4. 全球第二：有史以来的新高度

麦克阿瑟对日本的改造造就了一个蓬勃发展的新日本。从1956年后,日本经济开始急速增长,开启了持续十多年的四个景气时代:1954年到1957年的神武景气,1958年到1961年的岩户景气,1962年到1964年的奥林匹克景气,1965年到1970年的伊奘诺景气。①

神武景气在1954年年末到来,日本出现了第一次经济发展高潮。这一时期日本出现了设备投资的热潮。企业积极进行设备投资,进一步加快了经济的高速增长,而经济高速增长又进一步引起新的设备投资,形成了相互促进的发展态势。

1955年,日本的工矿业生产水平比战前水平高出90%,农业生产也高出战前水平。繁荣局面一直持续到1957年6月,景气时间长达31个月,这段时期内,日本国民生产总值年平均增长率达到了7.8%。日本人把这个神话般的繁荣,称为"神武景气"。"神武"取自日本神话传说中的第一位人间天皇的名号,日本人用它命名了这次经济繁荣。

1958年7月起的岩户景气,持续到1961年12月结束,时间长达42个月。"岩户"二字来自日本古代传说中的"天之岩

---

① 杨春廷.战后日本经济的景气循环及当前经济复苏的特点[J].载《现代日本经济》,1996年第6期。

户"。天照大神推开天门(由岩石砌成,称"岩户")降临人间,从此开创了日本国。这一时期内,日本开始大量生产汽车、电视及半导体、收音机等家用电器,钢铁取代纺织品成为主要出口物资,日本出现了第二次经济发展高潮。

1964年的夏季奥林匹克运动会在东京举办,日本开启了第三次景气时代——奥林匹克景气。奥运会使日本大大加快了交通运输网络和体育设施的建设,交通网将东京首都圈的范围进一步扩大,东海道新干线和首都高速道路都在这一时期建成。许多民众为了收看奥运比赛而购买了电视机,房地产市场也因为奥运蓬勃发展。日本为了东京奥运的直接场馆投资为295亿日元;间接投资(公路、地下铁等交通建设,上下水道铺建等)更是高达9 600亿日元。

奥运过后,日本基础设施建设停滞,建筑业萧条,电视机等生活用品的需求也饱和,到1964年年底,日本经济开始出现短暂的不景气。没过多久,日本就迎来了"二战"后最长的一次景气时期——伊奘诺景气,从1965年到1970年期间连续五年的经济扩张。

这被认为是"二战"之后日本时间最长的经济扩张周期。这期间,私家车和彩色电视快速普及,日本国民收入水平快速提高。当时所谓的3C(新三宝)——汽车(Car)、空调(Cooler)、彩色电视机(Color Television)快速普及,日本的民间投资与生产进入了长达5年的高速扩张期。日本经济跃居世界第二。

随着四大景气而来的是日本持续畅销世界的工业品,日本汽车在美国本土甚至直接威胁到了福特等老牌车商,这让当时世界第一的美国都感到如芒在背。据统计,1960—1970年,日本的工业生产年平均增长16%,国民生产总值年平均增长11.3%。1968年,日本的国民生产总值超过联邦德国,成为仅次于美国的资本主义世界第二号经济大国。1986年,日本的黄金储备达到421亿美元,位居世界第二;1987年,日本的外汇储备超过联邦德国,居世界首位;1988年,日本的人均收入达1.9万美元,超过同期美国的1.8万美元。1988年,根据权威的美国《商业周报》统计,世界排名前30名的大公司中,日本占了22家。

1995年日本GDP达5.33万亿美元,位居世界第二,占全球总GDP的17.4%!虽然这一年的GDP有货币价值高估的因素,但日本以全球1/50的人口,实现了全球超过1/6的GDP,可以说是前无古人后无来者的经济奇观。这也让人不能不感叹麦克阿瑟的社会改造给日本带来的巨大发展潜能。

第十章

印度象:二十一世纪的新巨兽

  印度,像谜一样,是一个神秘的国家。

  印度有着非常悠久的历史,世界文化遗产众多,所流传下来的宗教信仰也多种多样。印度是佛教、印度教、锡克教、耆那教的诞生地,信奉伊斯兰教、基督教的信众也为数众多,甚至连在世界其他地方包括起源地都已经绝迹的波斯祆教,至今在印度都还有人信奉。

  印度拥有一百多个民族,人种复杂,据说印度各种语言或方言的种类超过 19 500 种,就连官方语言都有 22 种,这远远超过了其他任何国家,堪称是世界上民族和语言最复杂的国家。印度的人口数量在 14 亿左右,与中国相差不远,但印度的国土面积仅有两百余万平方公里,和人口只有印度 1/30 的阿根廷面积差不多。

这些都显现出印度在世界上独一无二的特性,它被称为世界人种博物馆、语言博物馆和宗教博物馆,社会、文化、种族等的构成复杂程度举世无双。

这样一个古老的国家在迈入现代之后,所发生的变化也让人瞩目。

1. 信息时代的印度

2020年2月18日,总部位于美国的智库《世界人口评论》在一份报告中表示,目前印度正发展为开放的市场经济,2019年,印度GDP突破2.94万亿美元,反超英国和法国,成为世界第五大经济体。

凭借着劳动力人口的优势,印度在世界经济体系中扮演着越来越重要的角色,GDP全球排名也迅速提升。进入21世纪后,印度经济取得了举世瞩目的成绩,自从20世纪90年代印度改革以来,印度一直是世界上经济快速增长的国家之一。

英国是印度的前宗主国。印度经济超越英国,成了世界上前被殖民地GDP首次超越前宗主国的国家。这是在历史上从来都没有发生过的事,后发国家经济反超先发国家,是一个重大事件,具有标志性的意义。

1980年,印度的经济仅为1 894亿美元,全球排名为第13

位,当时英国 GDP 为 5 649 亿美元,是印度的 3 倍左右。到了 2019 年,英国的名义 GDP 为 2.74 万亿美元,比印度少了整整 2 000 亿,光是差额就超过了 1980 年时候的印度的 GDP。

到 2019 年,还有 4 个经济大国排在印度前面,它们分别是美国、中国、德国、日本。这四个大国中,德国的名义 GDP 是 3.86 万亿美元,在 1980 年的时候,德国的 GDP 是印度的 4 倍多,而到 2019 年,印度的 GDP 已经相当于德国的 75% 了。按照目前印度的人口体量和经济发展速度,印度 GDP 超过德国也是大概率事件。将来超过德国之后,印度下一个赶超的对象就是日本。日本 2019 年名义 GDP 是 5.15 万亿美元,大约是印度的 1.7 倍。但日本自从 20 世纪 90 年代以来,内需疲软和巨额公共债务压身使其经济增长遭到了巨大打击,多年来一直增长缓慢。但印度经济快速增长,十多年后,印度可能有机会超越日本成为世界第三。

这固然和印度的人口与经济体量有关,不过从这里还可以看出印度强劲的发展潜能。牛津经济研究院统计的数据显示,到 2035 年,印度会成为全球经济增速最快的经济体。

印度的移动支付发展是其经济发展与活力的一个缩影。和中国一样,印度的移动支付也发展迅猛。印度使用智能手机的人越来越多,由此带动了移动支付行业。在印度,你会发现,不管是在高档酒店还是在街头的小贩,都可以使用移动支付,就连在菜场你都可以使用移动支付。

2016年，印度的手机支付用户有3 200万，2017年就达到了5 620万，一年时间上涨了75.5%，2018年使用手机支付的人数还在快速增长中。印度的移动支付市场前景可观，包含苹果、三星、小米在内的智能手机主力厂商纷纷在印度推出了各自的移动支付产品。

移动支付的发展除了得益于印度庞大的年轻人口外，还有非常重要的一点，那就是印度第三产业，尤其是软件服务产业的发展，这为移动支付发展提供了另一个重要支持。印度的软件服务行业和IT业在全世界名列前茅。印度的软件外包服务更是如同开了"外挂"，在全球软件外包市场中占了2/3份额，在印度主要办公街区看到的人中，很可能其中大多数是做软件行业的。这就是印度引以为傲的"世界办公室"。

软件产业的蓬勃发展对于印度的发展具有非常重要的意义。印度是金砖国家之一，经济产业多元化。印度经济以耕种、现代农业、手工业、现代工业以及其支撑产业为主，同时还有包含软件开发在内的现代服务产业。进入21世纪以来，印度的服务业增长迅速，成为全球软件、金融等服务业最重要的出口国，印度还是全球最大的非专利药出口国。印度有很多精通英语的人口，是全球众多软件工程师的祖国，侨汇也是世界第一。印度外汇存底充足，汇率稳定，在未来官方也可能全面解除外汇管制，由市场决定币值。

不过，在耀眼的经济发展数字下面，印度也存在着不少隐忧。印度 2/3 的人口仍然直接或间接依靠农业维持生计,全国有 1/4 的人口温饱难以得到保障。印度很多地区电力供应依然不足,这也导致其制造业出口增长后劲不足。同时,印度也是社会阶层割裂和财富分配极度不平衡的国家,尤其是种姓制度和宗教冲突问题。

印度的发展和社会嬗变离不开其纷繁复杂的悠久历史。通过回望印度这个古老文明的过去,可以帮助我们更好地审视这个国家的发展与变迁。

2. 堆叠的文明:种姓制度的前世今生

1922 年,一位印度考古学家来到了印度河下游的一个名叫摩亨佐·达罗的土丘。这里有一座古代佛塔的废墟,他想在这里发掘有关佛教的遗物。

然而,出乎他意料的是,他有了远比那座佛塔更加古老和伟大的发现——一座沉睡了四千多年前的宏大古城遗址。这座重见天日的古城被命名为"摩亨佐·达罗城"。"摩亨佐·达罗"在当地方言中是"死亡之丘"的意思,在古城中也发现了数量众多的、类似于庞贝古城那样瞬间全部死亡的人体遗骸。

后来,考古学家和学者们在印度河上游的哈拉巴,又发现了一座与摩亨佐·达罗同时代的古城——哈拉巴古城。[①]

[①] (美)梅特卡夫.印度简史[M].上海:上海外语教育出版社,2006 年。

哈拉巴与摩亨佐·达罗古城规模都相当庞大。街道布局整齐，纵横相交，有长达5公里的高大城墙，城里可居住数万居民。城市中的卫城有防御城墙、护城河、公共建筑等设施，卫城中央还有一个占地达数千平方米的大型砖砌谷仓。这两座城市一南一北，城市格局却惊人相似，连砖块的尺寸也能保持一致。这不禁让人想到在两座城市之间可能分布着一个灿烂的古代文明。随后洛塔古城等陆续被发现的其他古代城市文化遗址证实了这一猜想——在印度河流域以哈拉巴古城为中心的东西约1 500公里，南北约1 100公里的广阔地区，有一个被称为南亚文明"第一道曙光"的哈拉巴文化，它通常被认为是达罗毗荼人在雅利安人进入印度前所创造的文明遗迹。

哈拉巴文化已经相当成熟发达，城市宏大，建筑众多，文字和青铜器也已经出现。当时的达罗毗荼人已掌握了十进位制的计算规则，拥有精密刻度的尺子；城里还发现了船只，这使人们相信，在当时的农业和手工业发展相当繁荣的基础上，商业也已经发展起来了。许多商人聚集在城里经营商业，并且同海外发生了贸易往来。路上有点灯用的路灯杆，以便人们夜晚行走。还有大量造型精美的艺术品，如小雕像、骨刻、绘画等，其中护身符印章尤多，有2 000余枚，其中甚至还有一些造型可爱的小玩具。

然而人们还发现了一件非常奇怪的事情，就是如此规模的文明，却和世界上其他文明截然不同——人们在古城遗址中很少发现武器。这让人非常困惑不解。

哈拉巴文化大约从公元前 600 年时突然衰落,其中有些地区更是遭到了巨大的破坏。不少历史学者认为,这是一次大规模的入侵造成的,哈拉巴文化区的其他城镇也遭到了或轻或重的破坏。

这些入侵者自称为"雅利安人",意为"出身高贵的人",称肤色较黑、鼻子扁平的当地人为"蔑戾车",意为野蛮人,或称为"达萨",意为敌人。雅利安人擅长骑兵战术,他们身披甲胄,骑着战马,连连进攻当地居民。雅利安人的入侵使印度河流域原有的城市文化消失,印度历史进入"吠陀"时代。"吠陀"时代的雅利安人建立了 16 个强盛的王国,其范围涵盖肥沃的印度河—恒河平原,即"十六雄国"。

雅利安人带来的是一种截然不同的文化,他们的文明程度不如哈拉巴,但居于统治地位的雅利安人形成了一套等级森严的阶级制度,这套阶级制度成为后世种姓制度的雏形。

继雅利安人入侵之后,在随后的两千多年里,异族入侵在南亚次大陆一次又一次上演。

不久后,著名的波斯帝国国王大流士一世征服印度,将印度作为波斯帝国的一个行省。波斯帝国衰落后,亚历山大大帝所统帅的马其顿人再度入侵印度。

雅利安人旃陀罗笈多(月护王)击败入侵者,开启了伟大的孔雀王朝。他的孙子阿育王统一印度,由此阿育王也被誉为印度史上最伟大的君王。

然而,孔雀王朝仅仅持续了一百多年。从公元前2世纪初开始,大夏希腊人、塞人、安息人和大月氏人先后入侵印度。大月氏人成为最成功的侵入者,他们在北印度建立了强大的贵霜帝国。

贵霜帝国覆灭后,印度在公元3世纪建立了最后一个本土王朝——笈多王朝。中国晋代高僧法显访问的就是笈多王朝。笈多王朝之后,印度国土上所有的王朝都为外来入侵者所建立。游牧民族嚈哒人(白匈奴)建立了后笈多王朝,之后阿拉伯人在8世纪初征服了印度西北部的信德,揭开了穆斯林远征印度的序幕。从开伯尔山口涌入的中亚突厥人在几个世纪里不断侵袭印度,而后在16世纪,突厥化的蒙古人巴卑尔在印度建立了莫卧儿帝国。著名的泰姬陵即修建于莫卧儿帝国时期。莫卧儿帝国后期,来自西方的殖民者从海上打开印度大门,印度自此进入近代化时期。

在整个印度古代史里,外来的入侵者有很多刻下了印记,但并未与本土文化完全融合。外来民族的文化和本土文化层层堆叠,成为混杂但不相融的文明形态。比如,20世纪著名的"非暴力不合作运动"可以从数千年前几乎没有兵器和武装的哈拉巴文明中找到"非暴力"的影子,又比如,印度最出名的古迹泰姬陵并非本土文化代表,而属于外来的伊斯兰风格建筑,等等。

但有一件事情却是例外的,它深深印刻到了大部分印度人的灵魂里,那就是种姓制度。

种姓制度的源头就是外来民族雅利安人为了压制本土达罗毗荼人而划定的阶层制度。随着时间的推移,这一制度逐渐被固定下来。随着融合了种姓制度的印度教成为大部分印度人的共同信仰,种姓制度在印度社会中也开始逐步占据优势地位。

印度种姓制度又称瓦尔纳制度,该制度将人分为4个等级:婆罗门、刹帝利、吠舍、首陀罗,以及贱民阶层达利特。它是古代世界最典型、最森严的等级制度,种姓制度下,各等级世代相袭。

4个等级在地位、权利、职业、义务等方面有严格的规定。第一等级婆罗门主要是僧侣贵族,拥有解释宗教经典和祭神的特权以及享受奉献的权利,主教育,他们垄断了文化教育和报道农时季节以及宗教话语解释权。第二等级刹帝利是军事贵族和行政贵族,婆罗门思想的受众,他们拥有征收各种赋税的特权,主政军,负责守护婆罗门阶层生生世世。第三等级吠舍是普通雅利安人,政治上没有特权,必须以布施和纳税的形式来供养前两个等级,主商业。第四等级首陀罗绝大多数是被征服的土著居民,属于非雅利安人,由伺候用餐、做饭的高级佣人和工匠组成,是人口最多的种姓。在种姓制度中,来自不同种姓的父母双方所生下的后代被称为杂种姓。除四大种姓外,还有大量的"第五种姓",称为"不可接触者",又称"贱民"或"达利特",他们多从事最低贱的职业。贱民在古印度时甚至不算是人民,不入四大种姓之列。

在印度著名的史诗《罗摩衍那》中，生动体现了这种社会制度对印度人的影响——它甚至已经成为印度人信仰的一部分。《罗摩衍那》第七篇里，有这样一个故事：罗摩在当政时，一个刚刚死去独生儿子的婆罗门，要求罗摩救活他的这个孩子。罗摩四出访求孩子死去的原因，发现是由于一个低等种姓的首陀罗模仿高等种姓的婆罗门修炼苦行所致，便残忍地把他杀死，从而换来孩子的复活，罗摩的这种行径竟得到天神们的一致称赞。从这个故事可以得知，低种姓连模仿高等种姓都不可以，更不用说僭越了。

数千年的延续使得种姓制度在印度社会中根深蒂固，极难根除。其影响一直持续至今，成为印度社会经济发展的"拦路虎"之一。在印度开始多方面的变革之后，情况才开始慢慢出现转机。

3. 缓慢形成的"多买家社会"：不寻常的跨越之路

由于印度教的强大影响力，南亚次大陆上处于不同阶级的人们安于现状，安稳地等待着"来世"。这种极强的稳定性使得种姓制度延续了两千多年。在这样的社会体制下，财富的分配可以说生来既定——上层无须担忧，中层不能僭越，底层也不想挣扎，由此也成就了人类历史上时间最长的"无买家社会"。

种姓制度的存在使得印度即使在君主制时期也保持着"无

买家社会"的状态,利益分配基本依托于血统,而且永世不变。英国殖民时期颁布的一系列法律虽然动摇了种姓制度的法律基础,但并未从根本上解决问题。印度独立至今,政府通过一系列努力想要消除种姓制度影响,虽然取得了不少成绩,但种姓制度在印度社会依然具有强大的影响力,深刻影响着印度社会的方方面面。这使得印度并未"从无买家社会"跨入"一买家社会",而是通过法律赋予的平等权利缓慢进入了"多买家社会"。

1757年6月的普拉西战役,英国东印度公司的军队击败了法国支持的孟加拉国王公西拉杰·乌德·达乌拉率领的军队,从而确立了东印度公司在孟加拉国的统治权。随后的数年里,英国人完全驱逐了其他国家在印度的势力,掌控了整个南亚次大陆。

1773年,《印度规管法案》在英国国会通过,英国内阁开始管理东印度公司,成为英国政府控制印度的第一步,并且首次规定设立印度总督的职位。1784年《印度法案》将印度置于英国议会和东印度公司共同管制之下,大大削减了东印度公司的权力,英国对印度的殖民统治体制逐渐形成,从而开始了英国对印度殖民统治的新纪元。

由于基督教福音教派及人道主义运动的传播,加上后来北美殖民地独立的影响,英国形成了对土著居民地区的殖民"托管理论"。英国政府改变了过去直接掠夺和压迫土著居民的政策,从法律层面规定将为殖民地土著居民建立良好政府、消除暴政、杜绝腐败、发展教育等，如1813年的《特许状法案》就规定："促进在英国统治下的印度人民的利益与幸福是英国人民的责任。"这在一定程度上促进了殖民地经济文化的发展，从而"充当了历史的不自觉的工具"。

英国殖民统治期间，印度教法是印度人使用的习惯法。英国首先在印度部分地区推行了其本土使用的普通法，后推广至印度全国。英国殖民政府利用前期在印度部分地区推行普通法时形成的大量判例，解决了英国普通法与印度教法的嫁接问题，形成了不同于英国普通法的印度判例法，成为现代印度法律的基础。

依据"法律面前人人平等"的原则，英属印度采用立法手段推进社会改革，对印度教社会中歧视贱民的习俗进行干预。在法律的顶层设计上，一定程度地推进了平等平权，形成了对种姓制度的冲击。[①] 1850年，英国殖民政府颁行《消除种姓无资格法》，给予了民众改变宗教信仰和种姓的权利。1856年颁布的《寡妇再嫁法》使寡妇再嫁合法化，1876年孟买法庭援引这一法律，并宣布"法庭不承认种姓的权威，不按照种姓规定宣布婚姻合法与否，或宣布某人可以再婚与否"。一系列的法律法令从法律层面给予了所有印度人平等地位，低种姓和贱民在法律上面临的不平等基本被推翻。

---

① 胡登龙.解析英国殖民统治下印度种姓制度的变化[J].载《黑河学刊》，2015年第9期。

第十章　印度象：二十一世纪的新巨兽

然而，仅有法律的硬性规定而没有社会习俗与文化上的深度变革并不足以改变强大的社会传统势力。在这一点上，英国殖民政府一方面在法律上破除种姓制度影响，另一方面却在文化传统上给予其某种程度的尊重。在英国人征服印度后半个世纪左右的时间里，英国人没有试图把自己的文化强加于印度，也未使印度原有的教育制度受到干扰。首任总督黑斯廷斯甚至鼓励复兴印度学，他于1781年创办了加尔各答宗教学院，还鼓励东印度公司年轻的职员学习印度古典语言。

沿袭数千年的种姓制度并不会因为数十年的法律变革而完全改变，它依然具有强大的影响力。

1947年，印度摆脱英国殖民独立后，制定了《印度共和国宪法》，原则上印度依然保留殖民地时期的法律，但议会有权对现行法律进行审查并可予以废止或修改，最高法院也可以不予适用。独立后的印度政府也意识到印度教法的混乱，着手进行了系统性的整理，提升了妇女和子女的权利，加强了低种姓人群的权利。

印度独立后，尼赫鲁政府提出了"民主社会主义"的目标，转向了计划经济路线。计划经济是典型的"一买家社会"，在短期内确实可以凝聚发展动能、快速提升国家实力。然而，因为印度的国情，计划经济并没有取得预想的效果，在能力赎买体系方面依然维持原本的无买家状态，印度想要转向"一买家社会"的尝试并未成功。

由于根深蒂固的种姓制度,印度所颁布的一系列法律和政策并不能完全保障占人口大多数的低种姓人群的上升通道,普及教育方面也没有跟上,没有获取批量化的高级人才,因此,国家的成长也就没有足够的动能。此外,民主政体下政党的更替也让"一买家"并不稳定,"一买家社会"无法长时间维持,相应的能力赎买机制也难以成立。

1991年,对于印度来说,是个重要的转折年份。

这一年,印度发生了经济危机,同时印度计划经济的"老师"苏联宣布解体,两大因素促使印度开始寻求计划经济外的发展道路。在这之后,印度政府不再过多干预劳工及金融市场并监管商业活动,新国大党政府在印度开始实行经济自由化改革,借由对外贸易及直接投资,逐步转型为自由市场。如果印度转型成功,将会由无买家社会直接跨入多买家社会,为国家发展提供强劲动能。

但印度的转型依然困难重重。在无买家社会下,自由选举产生的政府效率不高、管控力不强,各地土邦各自为政,极大地影响了人、财、物的流动,难以形成统一的流通市场。表面上,印度的多买家社会有西方式民主制度的约束,可以形成一个超大规模的多买家社会,依靠多买家产生巨大的增量,但实际操作起来并不现实。

在2000年前后,印度迎来了转型的三大窗口机遇:互联网、全球化和人口的快速增长。

受益于全球化和互联网,印度的外向型产业如软件外包产业蓬勃发展。同时在印度国内,由于人口的快速增长,仅仅依靠农业已经无法支撑本地数量庞大的人口,自由迁徙成为必然选择,这是资源不受土邦束缚的开端。

从1998年开始,印度经济持续强劲高速增长,这正是向"多买家社会"转型的直接成果。21世纪初的印度按购买力平价计算已成为世界第四大经济体,并被广泛认为是潜在超级大国之一。

印度在制度上,多买家机制已经开始占据主流,认知上也基本达成统一。但印度从无买家到多买家社会的直接跨越,依然面临着巨大的困难,需要两到三代人的努力,才能在较大程度上消弭种姓制度的影响,破除无买家社会的血统枷锁。

现在,种姓制度已经开始"破冰",印度总理莫迪的连任就是一个明显的迹象。莫迪的家庭属于低种姓的第三等级"吠舍",其成长历程颇具传奇意味。莫迪的家庭原本是卖茶的小贩,社会地位不高,而印度人民党领袖、一手将印度人民党带上执政党位置的瓦杰帕伊则是高种姓。瓦杰帕伊挑选人民党领袖接班人时,看中的恰恰是莫迪这位能力突出的"小贩"。这已经足够说明,种姓已经不再是桎梏人上升通道的决定性因素。无独有偶,2017年成为印度总统的考文德也不是高种姓,甚至还是一位种姓地位比莫迪还要低得多的"贱民",而上一任总统慕克吉则属于最高种姓"婆罗门"。低种姓成为国家元首,这显现了印度种姓制度正在缓慢的消解过程中。

总的来看,印度的"多买家社会"已经开始启动转型,这将为印度带来巨大的发展潜能。在未来,印度依然是不可以轻视的南亚巨象。

4. 走向未来:不可轻视的南亚巨象

在 2018 年,电影《我不是药神》在中国大陆获得了 31 亿元人民币的票房佳绩。电影里的"印度神药"让人印象深刻,这正是印度发达制药工业的一个缩影。

印度的制药业十分发达,生产了全世界 1/3 的仿制药,在第三世界国家拥有广阔的市场,被称为发展中国家中最发达的制药国家。

印度国内约有 13 亿人口,医疗市场巨大。在西方制药产业垄断的情况下,印度人吃不起药,这种状况激发了印度国内对仿制药的巨大需求,成为印度制药发展的最原始动力。

在政府方面,对制药行业也鼎力支持。印度的制药业原本一直掌握在英国的制药公司手里。1972 年在总理英迪拉·甘地的国有化策略下,印度政府兼并了很多国际制药公司,尤其是英国殖民时期留下来的制药公司。而且以国家立法的形式,鼓励印度制药企业生产质量合格的仿制药。

为了打击国外药企的垄断,印度直接立法对药价进行行政

第十章 印度象:二十一世纪的新巨兽

管制,导致许多国际药企因为在印度根本赚不到钱而纷纷退出印度市场。而这些药企退出的空间就被印度本土药企继承,在法律的支持下,开始全面进行世界药物的仿制。而且政府和企业进行双向投资,形成了较为成熟的产业链。经过几十年的发展,印度的仿制药以物美价廉行销全世界,占领行业领先地位。

1995年,印度加入WTO后,放开了对国外药物企业的管制,大量的国际药企进入印度。此时印度出台了药物强制许可制度,即对于国际上价格比较昂贵的药物,不需要经过专利人同意,政府可直接授权印度的企业生产和仿制。由于不断仿制、研发新品种的药物,印度被人们称为"世界药房",是公认的世界制药大国。

除了制药行业外,印度的软件产业在世界上也享有盛名。印度的软件产业覆盖其国内43个城市,服务出口到全世界100多个国家。

印度是世界上获得质量认证软件企业最多的国家,同时非常重视对软件人才的培养。这种培养方式一方面来源于高等学府的教育,另一方面来源于社会上的各种培训机构,还有一方面则来源于企业内部的培训。这种教育模式不仅为印度本国储备了数量众多的同类人才,也为全球提供了大量优秀软件人才。

在美国的硅谷,有众多高科技企业的高管是印度人,比如谷歌CEO桑达尔·皮查伊、微软CEO萨提亚·纳德拉都是印度裔,这和印度国内庞大的技术人口基数是分不开的。在微软、谷歌这种大型的全球化公司中，印度员工占有很大比重，据统计接近20%。印度软件外包产业处于世界领先地位，其国内的软件产业园内，全球各大软件巨头遍布，聚集了超过100万的软件人员。

印度政府对软件行业和科技行业给予了很大的政策支持。从1991年开始，印度政府就不对软件行业收取任何税务，而且在银行贷款还享有优先权，政府为这个行业制造了良好环境以供其发展。

除此之外，良好的外包模式也是推进其发展的助力，他们会派遣工程师去国外为客户进行驻地开发。完成后，远程为客户进行安装和维护，这种外包模式获得了很大成功。

印度的制造业也在异军突起。印度有65%的人年龄低于35岁，这些年轻人可以扶持国际经济的增长。因此有很多国外的企业选择到印度建设工厂、招募员工。

汽车行业是制造业发展的重点。印度是全世界重要的汽车零部件制造中心。在印度的汽车企业以本土企业为主，也有为数不少的跨国车企。塔塔汽车公司（Tata Motors）是印度最大的综合性汽车公司和商用车生产商，占有印度59%的市场份额。塔塔汽车公司是印度塔塔集团下属的子公司，在全球商用汽车制造商中排名前十，年营业额高达20亿美元。2008年3月26日，印度塔塔汽车公司以23亿美元现金收购福特汽车旗下捷豹和路虎两大品牌。印度汽车工业已经成为全球汽车行业中一支举足轻重的力量。

印度制造业的另一个重点是电子制造业,尤其是智能手机制造业。2014—2019年,印度手机制造业的企业数量从2家增至200多家。

在印度诺伊达,三星建立了其在全球最大的手机工厂,将其产品全球四成的出货量放在印度生产。2020年1月,三星还投资了327亿元人民币,在诺伊达开建一座用于生产手机和其他电子产品的显示面板工厂。中国手机品牌也在诺伊达扎堆建厂,2019年,OPPO在大诺伊达的工厂可以月产400万部智能手机,产品主要面向南亚、非洲和中东国家出口,OPPO未来将有一半以上的手机为印度制造。此外,OPPO还花了22亿元人民币,在大诺伊达地区买地建设新的印度总部。另一家头部厂商VIVO也投资了超过40亿元人民币,在大诺伊达建造了一个和中国工厂相当的新厂,目标是在2020年让年产能翻番,达到5 000万部。

2018年8月,小米供应商合力泰宣布投资13亿元人民币在印度建厂,生产紧凑型摄像头模块(CCM)、薄膜晶体管(TFT)、电容式触摸屏模块(CTP)、柔性印刷电路(FPC)和指纹传感器,这是印度第一次产出这类手机零部件。

如今,印度诺伊达已经聚集了三星、OPPO、VIVO的手机工厂和小米、传音等品牌的OEM工厂,以及围绕这些大厂的上游供应链。诺伊达从手机配件、代工厂到品牌经销,已经形成了全印度最繁荣的手机产业链,随着产业集聚效应的显现,将进一步打开印度制造的潜力。

诚然,印度是社会财富分配极度不平衡的发展中国家,种姓制度问题较为尖锐,其潜力却不容忽视。尤其是经历了社会嬗变之后,印度"多买家社会"的活力已经开始初步显现。

作为未来很可能成为第一人口大国的印度,作为21世纪全球最主要的软件产业国家、全球众多软件工程师的祖国,以及制药、汽车、手机等重要产业的重磅玩家,印度未来的发展潜力,不容忽视。

第十一章

控制还是放手:新加坡的皮与骨

无论从世界城市的角度还是国家发展史的角度来看,新加坡都是一个非常另类的存在。

一个历史很短、没有任何有价值的资源、耕地面积小到可以忽略、就连淡水都需要从邻国进口的国家,竟然在短短数十年间从马来西亚的弃儿发展成为世界知名的花园城市国家和发达经济体,综观全球也很难再找到这样的例子。

新加坡的面积仅有700多平方公里,不到北京市面积的1/20,国土面积基本上就等同于城市面积。就是这样一个国土面积在世界上排名倒数的国家,在全球的影响力却一点也不小:新加坡是继伦敦、纽约、香港之后的第四大国际金融中心,被GaWC(全球化与世界级城市研究协会)评为世界一线城市,是亚洲重要的金融、服务和航运中心之一……

不少人认为,新加坡的成功来自被称为"国家资本主义"的经济模式。但实情是否真的如此呢?也许新加坡政府投资的淡马锡公司能为我们解开部分疑惑。

1. 淡马锡:最神秘的投资公司

关注财经新闻的朋友可能偶尔会听到"淡马锡"这个名字,这个公司听起来似乎既熟悉又陌生——它既大到无法被人忽略,而又"隐藏"得很好,就像是一头藏身于密林中的大象。

但是,淡马锡到底是谁?

淡马锡控股公司(Temasek Holdings)是一家大型投资公司,也称淡马锡控股(私人)有限公司,公司总部位于新加坡,成立于1974年。刚成立时,淡马锡的总资产为3.5亿新元(约合7000万美元),到2019年年底,该公司投资组合净值已达3130亿新元(约合2319亿美元,按2019年底汇率),45年增长了近900倍!

此外,公司还以控股方式管理着23家国联企业(可视为其子公司),其中14家为独资公司、7家上市公司和2家有限责任公司,下属各类大小企业约2000多家,职工总人数达14万,总资产超过420亿美元,占新加坡全国GDP的8%左右。2018年12月,世界品牌实验室发布"2018世界品牌500强"榜单,淡马

第十一章 控制还是放手：新加坡的皮与骨

锡排名第434。2019年11月16日，胡润研究院发布"2019胡润全球独角兽活跃投资机构百强榜"，淡马锡排名第23位。

淡马锡从最初成立开始，到2004年9月为止，30年里从未公布过财务报表，被认为是新加坡最神秘的企业。这家颇具传奇色彩的公司，除了成功的资产运作外，最大的特色就是，它是一家"国有"企业，新加坡财政部对其拥有100%的股权。

淡马锡是在新加坡特殊历史时期诞生的，对新加坡的发展起到了巨大的推动作用，被誉为新加坡的"影子财政部"。

1965年，新加坡正式独立。独立后的头10年是新加坡大量吸收外资和引进技术、推动国内经济起飞的时期。当时西方发达国家处于"二战"后的产业结构调整阶段，便将大量的劳动密集型出口工业向发展中国家和地区转移。新加坡地狭人多、资源匮乏，制定出口型经济战略是其必然选择，因此迫切需要抓住这个国际经济形势变化带来的重要机遇。

但是，当时很少有人对一个刚成立的、几乎一穷二白的国家抱有信心。新加坡的企业在银行中很难得到超过3年期限的贷款，刚刚起步的制造业举步维艰。尤其是交通运输、造船业等重要的工业项目，因为投入高、风险大、回报周期长，愿意投身这些行业的私人企业寥寥无几。新加坡政府深知这类企业的重要性，决定由政府投资兴业，直接投入发展资金启动企业的发展。

到20世纪70年代中期，因为新加坡政府出资兴办的企业越来越多，问题也变得越来越复杂。政府不是专业的运营机构，难以支持企业在激烈的市场竞争中不断发展壮大,政府的过度保护也不利于企业的良性发展。

1974年,新加坡政府决定由财政部投资司负责组建一家资本控股公司,专门经营管理国家投入各类国有企业里的资本。同年6月25日,淡马锡控股(私人)有限公司正式成立,它属于新加坡财政部全资控股的私人豁免企业,直接向财政部负责,是典型的国有控股的资产经营公司。

新加坡财政部将其投资的36家公司的股权全部转到淡马锡旗下。将这些资产转移到一家商业公司的目的,是让财政部能够专注扮演决策和监管的核心角色,而淡马锡则持有并管理这些投资。

新加坡政府对淡马锡的管理模式成就了一家成功的国有企业。有人认为,新加坡政府与淡马锡之间是"一臂距离"的关系。财政部对淡马锡的经营做到了监管但不干预、鼓励自主经营而又不至于失去控制的适中力度,而淡马锡规范的董事会制度保障了公司的商业决策不受政府干预。

淡马锡公司执行董事何晶认为:"政府无为而治的政策,是淡马锡能成功的重要原因之一。"淡马锡董事会中,独立董事占绝大部分,既减少了股东董事对董事会的直接干预,降低了政府的影响,又通过较少的执行董事,有效地将执行与决策的责任严格分开。比如淡马锡官方公布的最新董事会名单共有10人,其中1人是执行董事,其余大多是来自独立私营企业的商界领袖。

董事会在淡马锡治理过程中发挥核心决策作用,对公司长远战略目标、年度预算、财务报表、重大投资出售计划、重大融资建议等均有决策权。

尽管淡马锡的董事会成员及首席执行官的任免要得到总统同意,董事会也必须向总统定期汇报工作,但除非关系到淡马锡过往储备金的保护,总统或政府一般都不参与淡马锡的投资、出售或其他任何商业决策。

如同新加坡政府不干涉淡马锡的正常经营管理一样,淡马锡公司一般也不干涉旗下企业的日常经营。"一臂距离"的精髓就是如何将企业更好地推向市场。

从一个不起眼的小公司成长为巨无霸国企,淡马锡的成功对新加坡具有极为重要的意义。淡马锡的存在推动了新加坡商业的高效运作与发展,不仅如此,淡马锡对于我们认识新加坡也同样意义重大——一旦你理解了淡马锡,也就找到了理解新加坡的大门钥匙。

2. 新加坡的前世今生

1819年,英国东印度公司雇员斯坦福·莱佛士登陆新加坡,并宣称开始管辖该地区,这成为新加坡开埠的发端。1824年,新加坡成为英国殖民地。

蒸汽船的发展以及苏伊士运河的开通,让新加坡成为航行于欧亚之间的船只的重要停泊港口。1870年前后,随着橡胶种植业的蓬勃发展,新加坡成为全球主要的橡胶加工和出口基地。到19世纪末,当时新加坡的贸易增长了8倍,获得了前所未有的繁荣,成为英国在东南亚的政治经济中心。"一战"后,英国还在新加坡斥资5亿修建了一个海军基地,首相温斯顿·丘吉尔称新加坡为"东方的直布罗陀"。

"珍珠港事件"后,日本击败英国守军,占领了新加坡,夺取了这枚"大英帝国皇冠上的小宝石"。1945年9月,日本投降,英军重返新加坡。1953年年底,新加坡修改宪法,开始享有较大的自治权。

1959年,新加坡进一步取得自治地位。同年6月,新加坡自治邦首任民选政府宣誓就职,李光耀出任新加坡首任总理。1961年,新加坡全民投票赞成加入马来西亚。1963年9月,新加坡正式脱离了英国的统治,加入马来西亚。

然而,加入马来西亚后,新加坡和中央政府之间矛盾开始逐渐激化。两地政府之间发生多次冲突,结果是以巫统为首的马来西亚执政联盟在国会紧急通过修改宪法,以126票赞成、0票反对将新加坡驱逐出马来西亚。

1965年8月9日,新加坡脱离马来西亚,成为一个有主权的、民主的、独立的国家。之后,新加坡人民的集体危机感成为新加坡经济奇迹的原动力,靠着勤奋的打拼在逆境中求得生存。

作为一个无资源、无耕地、无纵深的"三无"袖珍小国,全世界对于新加坡是否能继续存在表示疑问。除了主权纠纷,新加坡还面临其他很多的问题,包括住宅短缺、缺乏土地、失业率高等。

没有任何自然资源的新加坡,完全依赖马来西亚供给淡水,耕地面积也小得可怜,粮食自给率不到10%,国家的生存之本几乎完全掌握在别人手里。新加坡国土面积小,毫无战略纵深可言。南北两面分别是马来西亚和印度尼西亚两个大国,几乎没有什么力量能保证自身的安全。

新加坡独立后失业率很高,还存在着严重的"屋荒"问题。据统计,新加坡市区有84%的家庭住在店铺和简陋的木屋区,其中40%的人住在贫民窟和窝棚内,只有9%的居民有自己较为稳定的住房。

如果要寻求存活,新加坡政府必须采取有力的措施来发展工业及经济,让自己不断壮大,才能避免覆亡的危机。当时的新加坡政府拿到了一手"坏牌",如何打好是个很大的问题。

李光耀带领的新加坡政府显现出了非凡的勇气。他们采取了一系列让新加坡得以生存和发展的措施。简单来说,他们为了激发社会的内生动力,在新加坡尚不具备多买家社会基础的情况下,运用强力措施保障和推动了社会的转型。

3. 理想与现实之间:如何快速构建"多买家社会"

缺人、缺地、缺资金,新加坡面临着前所未有的挑战。但新加坡也并非一无所有,开埠一百余年间,由英国人建立的较为完备的法治体系和地处马六甲海峡咽喉部位的天然良港,是新加坡政府的最大倚靠。事实证明,这两大优势在新加坡的发展中起到了非常关键的作用。

正如前面所说,淡马锡是理解新加坡的一把钥匙。作为一家"非典型"国企,淡马锡和其他国家的国企是不大一样的。

淡马锡的大部分董事会成员是非执行独立董事,是来自私营企业的商界领袖。董事会下设执行委员会、审计委员会、领袖培育与薪酬委员会。包括执行委员会在内,每个委员会的主席均由一名独立于管理层的非执行董事担任。从成立起,淡马锡董事会的政府官员就并不多,根据2004年年报披露的董事会构成,仅有一名董事是政府官员。2011年10月公司董事、前财政部常任秘书张铭坚卸任其总理公署常任秘书一职后,公司董事会里就没有政府官员了。

这反映了淡马锡的一种治理理念,政府在淡马锡的董事会没有代表,淡马锡的商业决策独立于政府。

关于董事会的任命,新加坡财政部的说法是"政府的主要任务是确保淡马锡有一个能够胜任的董事会"。公司首席执行官由董事会任命,但需经总统批准。除了保护淡马锡的过往储备金(Past Reserves)外,无论是总统还是财政部,都不参与淡马锡的投资、脱售和其他商业决策。总的来说,财政部仅保留了两个权利:知情权和对过往储备金的保护权,总统保留了董事会和首席执行官的任命权、知情权和过往储备金的保护权。

对淡马锡等政府公司而言,总统对董事和首席执行官的任命程序和相关规定,已在新加坡宪法里写明了。

淡马锡的成功有很多因素,其中最核心的在于明确了管理层面政府和企业的边界和权责。淡马锡通过立法、制定宪章及章程等方式给予了企业完整、直接的授权,政府并不干预其商业化运作。市场性业务和政策性目标没有混合,没有让商业主体过多承担政策性、战略性的相关任务,避免了国有企业容易出现的所谓的预算软约束的各种问题。

淡马锡是新加坡治理理念的一个缩影。

新加坡在独立后,在多个方面开启了社会的重塑,建立了具有保障性质的"基础设施",包含硬件方面和软件方面的基础设施。

硬件方面的基础设施是很容易被感知到的。比如大名鼎鼎的新加坡公共房屋——"组屋",由新加坡建屋发展局承担建设,大大缓解了新加坡居民的住房压力,在很大程度上实现了李光耀"居者有其屋"的愿景。除了组屋外,新加坡还大力加强港口和工业区建设。新加坡港的建设在 20 世纪 60 年代起大为加速,同时新加坡还成立裕廊工业区,并在加冷、大巴窑等地建立轻工业基地。

这些硬件建设对新加坡整体发展和促进就业的作用是显而易见的。但软件方面的基础设施其实更为关键——硬件只需要资金,软件更需要耐心、智慧和勇气,这是推动国家发展的核心原因。

淡马锡就是这些"软件"的组件之一,为新加坡企业的融资提供了有力的资金保障。此外,新加坡另外三项软件建设是法治、教育和价值观。

新加坡立法完备,覆盖面广。法条不仅涉及社会经济方方面面,而且囊括寻常百姓生活的细枝末节,比如"口香糖不得在新加坡生产和销售"也以法律的形式明确规定。真正地做到"法律就在身边,人人心中都有法",也正因为处处有法律规范,再加上有效的法律监督机制,最终使人不敢违法。

新加坡也是世界上教育发展十分成功的国家之一,每年在教育行业的投入占GDP的比重达到3%~4%,整体教育质量在全球领先。新加坡的教育体制承袭英国的精英教育传统,同时兼具东方基础教育优势。新加坡的义务教育长达十年,新加坡国立大学是亚洲首屈一指的名校,这种"普惠教育+精英教育"成为人才脱颖而出的强大保障。2015颁布的"全球最大规模基础教育排名"中,新加坡位居全球第一。

新加坡全国公务员约有6万人,实行的基本政治策略是精英政治,专家治国,拥有精干高效的公务员队伍。新加坡的总统、总理、国会议员和政府部长都是国内有影响力的顶尖人物和某方面的专家,这些人物大多在英美著名学府留学深造过,如李光耀就是英国剑桥大学的高才生。新加坡政府高度重视公务员队伍建设,对担任公务员的人员要求很高,良好的教育环境支撑了通畅的人才上升通道,使得优秀的治理人才脱颖而出。

作为一个多种族国家,新加坡不仅注重东方的道德观念教育,也注重西方的法治精神教育,为大力倡导公民自觉守法打下良好的道德基础。新加坡主张五大价值观:国家至上,社会为先;家庭为根,社会为本;关怀扶持,同舟共济;求同存异,协商共识;种族和谐,宗教宽容。

经过这些软件基础设施的建设,新加坡的企业获得了良好的融资环境、源源不断的人才供给、有力的法治保障和稳定的社会环境。事实上,新加坡正是用政府力量保障了新加坡向"多买家社会"的演化,在国内条件尚不完备的前提下,用"扶上马,送一程"的方式促成了由市场决定的全新分配机制,同时在价值观上也形成了全民统一。因此,新加坡的很多方面表面上看似控制,实际上是放手——这和淡马锡的发展理念如出一辙。

新加坡以政府的强力推动去除了影响多买家社会形成的阻碍,搭建了多买家社会形成的基础,同时积极引入国外资本,保障了良好的法治环境。国外资本的快速涌入,也让邻国马来西亚和印度尼西亚不敢轻举妄动。

新加坡李光耀和中国历史上的商鞅、日本明治天皇和麦克阿瑟有很多相似的地方,都是以威权推动社会的快速转型。这一点和印度就形成了一个鲜明的对比,印度缺乏一个强力的推动力量,因此其转型缓慢,过程漫长。

2011年新加坡大选,执政的人民行动党以60.14%的得票率获胜,创50年来的最低纪录。人民行动党不仅丢了6个国会议席,还破天荒地丢失了一个集选区。其后,李光耀和当年接替他继任总理的吴作栋分别卸去内阁资政和国务资政职位,2011年也因此被称为新加坡政治史上的分水岭。2020年的新加坡大选,执政党人民行动党支持率仅为61%,逼近2011年的最低纪录。与此同时,人民行动党在国会93个席次中取得83席,但工人党赢得了前所未见的10席,超越2015年的7席纪录,可以说近十年间,工人党的支持率一直处在不断攀升之中。

从趋势上来看,新加坡将逐渐转型为一个法治框架下的民主制衡国家——这也许正是最初李光耀推动社会转型的初衷。

4. 东南亚花园:从一无所有到亚洲小龙

新加坡独立前的一百余年,处于英国统治之下,在这一百余年间,通过工业革命成为世界强国的英国,急需为该国商品寻找各大海外销售市场;而新加坡正好处在马六甲海峡的咽喉地带,这是欧洲、非洲、中东、东亚、东南亚国家贸易往来的必经之地。因此,英国把新加坡作为转口贸易最重要的场所。

与此同时,转口贸易也给新加坡带来了繁荣,到19世纪50年代,新加坡对外贸易中有90%～95%属于转口贸易,并且连带解决了该国70%～75%的劳动力,包括其他相关产业创造出来的价值占其GDP的80%~85%。

然而,这种繁荣的转口贸易活动因为缺乏牢固的经济根基,作为短暂中转站的新加坡只能如同紧张劳作的流水线操作员一般,日复一日等候听令,毫无主动性。

在这样的前提下,李光耀决定进行经济改革:摆脱单一畸形的转口贸易经济结构,开展以工业化为中心的经济发展战略,从而带动经济多元化。同时,新加坡采取"追随排头雁"策略,实行进口替代政策,对进口商品征收重税,保护本国尚未壮大的民族企业,为民间资本发展替代进口型工业创造条件。

就这样,以劳动密集型的工业化为突破口,新加坡开始走上了异常吃力的经济转型之路。

在第一阶段成功引入劳动密集型制造业的基础上,始终坚持对外开放的新加坡从第二阶段开始便大量吸收外资和引进技术,推动国内经济起飞,促进资本密集型制造业发展。具体来看,先是向全球推销新加坡,设立经济发展局,以便招商引资;同时,新加坡开始建立大型工业园作为招商引资的主载体。

据统计,20世纪下半叶,新加坡是当时的发展中国家中吸引外资最多的国家。

通过循序渐进的三部曲,新加坡吸收了西方的资金和先进技术,逐渐巩固本国的经济底盘,提升了经济高度,并开始尝试走出去,在经济发展的道路上先行一步,顿时与其他亚洲国家拉开了距离。

经过第一阶段和第二阶段的摸索和积累,新加坡经济开始进入"自然成长期",长期保持经济高速增长态势。

在这个阶段,新加坡采取"选赢家"策略,实行出口导向政策,着力调整经济结构,重点发展造船、炼油等资本密集型产业;设计、信息、电脑等技术密集型产业;金融、贸易、通讯、会展、旅游等服务业。

凭借实力,在21世纪70年代末期,新加坡已经成为世界上闻名遐迩的亚洲新兴工业国,位居"亚洲四小龙"之首。

新加坡政府结合国情、调整政策,推进了新加坡从"无买家社会"到"多买家社会"的发展进程,激活了新加坡的经济活力,实现了新加坡的经济腾飞。

第四部分

从社会进步的"密码"之中发现的经营启示录

【内容摘要】 不同的社会管理形态带来了不同的社会发展和社会变革,"无买家社会""一买家社会""多买家社会"三种社会形态,正是激励社会进步的"进步密码"。这三种激励制度,对现代社会的企业经营管理者有哪些启示意义呢?

第十二章

经营启示录：如何激发企业的内生动力

唐太宗说："以人为鉴，可以知得失；以史为鉴，可以知兴替。"作为一个封建帝王，能有这样的见识，无怪乎能够开创贞观之治。但我们作为现代人来审阅历史时，不妨更进一步思考：为什么"以史为鉴"，可以找到兴盛、衰败的关键因素？

朝代与朝代之间，政府结构、军事制度有许多不同之处，至于风土、人情、衣服、器物等方面，区别就更大了。不过，所有这些都像是历史的障眼法，将它们层层剥开之后，我们会发现，真正影响朝代兴衰的，还是利益分配制度。利益分配制度是所有矛盾的关键点和冲突爆发的原因，而这层原因又决定了王朝的命运。可以这么说，影响王朝命运的关键在于：它选择了无买家、一买家还是多买家模式。

"形而上学谓之道。"所谓的"道",换成今天的语言,就是模式。它拥有提纲挈领、直指核心的力量。只要了解无买家、一买家、多买家模式的精髓,就可以用它分析那些看起来与朝代关联不大、但实际上非常相似的组织。还是以企业为例。

作为一种生产组织形式,一方面,企业和历史上的很多国家一样,有着兴起、发展、到达鼎盛,再至衰微的过程。另一方面,企业可以说是现代社会的脊梁。我们日常生活中的衣食住行、娱教医养,都离不开企业的生产和经营。观察企业的兴衰,能从中得到什么样的启示呢?

在笔者看来,决定企业兴衰的,也是企业的分配机制。不同分配机制下的企业,好比"无买家社会""一买家社会""多买家社会"三种文明模式,其内在的动力有着天壤之别,相应地,它们的竞争力、创造力、稳定性也宛如云泥。

无买家模式,对应那些最为守旧的家族企业。它们按照血缘上的亲与疏,分配企业内部的资源和企业发展得到的利益;至于其核心管理层则完全由自己人把持,职业经理人想跻身其中,几乎不可能。可以说,在这样的企业里,血缘关系直接决定了一个员工能做到公司的什么职位。

一买家模式,类似于某一人或某一方绝对控股的公司。这一人或者这一方,自然成为公司的老板,和中国古代的皇上一样,拥有"生杀予夺"的大权。为了企业发展,老板们往往引入职业经理人制度,以绩效为指标,将晋升作为激励,鼓励员工充分发挥自己的聪明才智。这些企业里的员工，比之于家族企业的员工，有着更多的升迁机会、更好的发展前景。但相应地，他们也像是封建年代的官员，再怎么升迁，最多只是把同僚比下去，绝对不可能威胁到皇帝本人。

多买家模式，好比是员工持股的股份制公司，或者创业时就以股权为码引入风险投资的公司。在这些公司里，固然有上下之别，不过，员工的发展却并无固定的上限。每一个员工都可以凭借自身的能力和积极努力获得职位升迁，甚至有机会进入核心管理层，成为拥有蛋糕分配权的"买家"，和公司的其他"买家"把酒论英雄。

这三种治理模式的企业，在整个商业的发展史中随处可见。可以说，人类的商业发展史和企业治理模式的变迁史非常类似。

1. 全球企业进化史：治理结构的不断演进

最初的企业脱胎于家庭式的作坊或店铺，企业里从管理人员到工作人员基本都是本家庭（族）的成员。随着生产规模的扩大，家庭（族）的成员逐渐脱离具体工作，转而只负责人员的管理和事务的决策，这就是家族式企业的源头。直到今天，依然可以找到它们的身影。

我们可以看看这份有趣的排行榜——"胡润全球最古老的家族企业排行榜"。根据这份榜单，截至 2021 年，存续超过

1 000年的家族企业有4家：日本大阪的金刚组，成立于578年，已传40代，主营建筑施工（主要是寺庙建筑）；日本小松市的粟津温泉酒店（法师旅馆），成立于718年，已传46代，主营为酒店管理，是世界上尚存的最古老的酒店；法国圣纳尔泽（Haute-Goulaine）的古莲堡（Chateau de Goulaine），成立于1000年，主营葡萄园、博物馆和蝴蝶收藏；意大利阿尼奥内（Agnone）的铸钟场（Fonderia Pontificia Marinelli），成立于1000年，主营铸钟，纽约、耶路撒冷乃至于北京等城市都有他们铸造的钟。榜单前100名的企业都分布在欧美和日本，成立最晚的也有240年以上的历史，行业分布以手工制造业（24家）最多，酿酒业（18家）次之。

这些家族企业最初的规模都不大，企业成员就是家庭（族）成员，完全以血缘关系为纽带组织生产。成员与成员之间虽然在具体分工上有所不同，但是，由于企业资产已经形成了既定的分配策略，相应地，企业盈利所得都按照一定比例进行分配，所以，家庭（族）成员形成了一个牢固的利益共同体。

随着技术的进步和生产规模的扩大，仅仅依靠家庭成员来进行生产或者提供服务的模式已经难以为继，不得不对外招收员工。然而，很多家族企业规模变大了，核心的管理模式却没有太多变更，一直延续着按照血缘（统）进行分配的模式。这就是典型的无买家治理模式。

采用这种治理模式的家族企业，有一些逐步发展成为某个细分领域的隐形冠军,如1745年成立的德国起重机制造商纽豪斯(J. D. Newhaus),在高档起重吊钩的市场占有率超过一半,但整体而言,纯然靠家族成员经营的优秀企业凤毛麟角。从总体上来看,除有一小部分(以工匠型的作坊式企业居多)企业外,绝大多数家族企业已经湮没在历史的长河中。其兴衰背后的关键在于,它们在市场竞争之中遇到了更现代化的对手。

公司治理制度上的第一次飞跃,在于打破了按血缘(统)进行分配的模式。对于规模较小的家族企业来说,工艺、技术通常是其第一竞争力,这些技能,可以在家庭(族)内部传承,因此按血缘(统)分配利润十分合理。但随着企业组织规模的扩大,管理和技术的标准化取代工艺、技术,成为更加重要的因素。如果不改变分配模式、引入更优秀的人才,家族式企业很容易在激烈的竞争中变得岌岌可危。

中国的晋商就是一个典型的例子。一个从"无买家模式"的古典家族企业向以东家为核心的"一买家模式"企业转变的例子。晋商兴起于明朝,全盛于清朝,清末民初逐渐衰亡。清朝存续的200余年,是晋商的鼎盛时期。这一时期的晋商,和徽商、潮商分庭抗礼,丝毫不落下风。

晋商的一个特点是"东家"和"掌柜"的分工协作模式。东家即企业所有者,相当于现代企业里的董事长(控股方);掌柜,是企业的经营者,相当于现代企业里的总经理。晋商的东家掌握着分配大权,给予包含掌柜在内的所有伙计(员工)晋升渠道及分红权。比如,晋商日昇昌票号里张贴的《学徒规读》中写道:"黎明即起,侍奉掌柜……学以致用,口无怨言,一旦学成,身股顶柜……""一旦学成,身股顶柜",就是说普通学徒有可能晋升为掌柜,并享有分红权。

虽然晋商中已经出现了所有权与经营权分离的迹象,但总体而言,"一个东家多个掌柜"对应的是一买家治理模式。比之于古典式的家族企业,这样的分配模式可以更大程度上调动员工积极性,让掌柜和伙计有动力全心全意地为东家赚钱。晋商这一运用新型一买家治理体系的企业,显现出了强大的生命力,逐渐淘汰了大部分古典的家族企业,占据了主流地位。

企业治理模式的变迁不但发生在中国,同样出现于西方国家。如分别创建于1600年和1602年的英国和荷兰的两家东印度公司,标志着现代股份制企业的萌芽。通过17、18世纪的积累,英国企业率先向近代化模式转型,转型后的新型企业开始占据市场主导地位。随后,其他欧美国家和日本也随之逐步完成了企业转型。很明显,这是新型治理模式对于"无买家"治理模式的全面替代。企业发展到现代,治理结构再次发生了更迭,治理结构趋于完善,现代股份制企业逐渐成为全球企业的主流管理模式。

简而言之,现代企业摈弃了简单的个人统治模式,实现了所有权与经营权的彻底分离;同时,通过股东大会、董事会、监事会、经营者、独立董事等方式,建立起了完善的契约制度和法人治理结构。权利和义务不再由一买家模式里的个人说了算,而是形成了所有人都有机会掌权的多买家模式。这种多头并进的管理结构,极大地激发了企业的内部潜力。

美国的铁路企业是现代企业的发端之一,一开始就采用股份制模式筹集资本,奠定了现代企业的制度基础。现代企业制度和治理结构的结合,产生了惊人的发展潜能。美国第一条铁路为巴尔的摩—俄亥俄铁路,于1830年5月建成通车,全长仅仅21公里。此后的数十年里,美国铁路发展极为迅猛,到1916年时,美国铁路总里程达到了约41万公里,比1830年的规模增长了近2万倍!

随着治理结构的进化,"巨无霸"企业开始不断涌现。事实上,世界500强企业中除了少部分国有企业,绝大多数采用了这种新型治理结构。

美国著名的企业史研究者、管理学大师小艾尔弗雷德·杜邦·钱德勒指出,企业能力就是企业组织起来的物质设备和人的技能的集合。这句话深刻地道出了企业发展的核心倚仗——技术的进步和如何激发企业职员的能力。

2. 不断碰撞的价值观与企业发展的原动力

不同治理结构下的企业有着完全不同的内在推动力。

具体而言,无买家治理结构下的家庭(族)企业,是企业"幼年期"的形态,其核心特点是依照血缘关系分配生产资料和经营所得,成员之间存在着牢固但僵化的利益关系。在商业发展的初级阶段,由于生产力还不够发达、手工业占据主流,这样的企业能够依靠内部团结顺利生存及发展。在生产力发展和企业规模扩大后,这种已经固化的利益共同体、按照血缘(统)分配的模式,不利于调动大部分企业员工的积极性、不利于企业整体能力的提升,因而在竞争中逐步让位于一买家治理结构的企业。

一买家治理结构的企业破除了家庭(族)企业的内部利益共同体,为所有员工提供了晋升空间乃至于获取期权分红的可能,这极大地激励了员工的积极性,进而有利于企业在社会化大生产模式下的发展与繁荣。然而,一买家治理结构,在长期实践过程中,也逐渐显露出其古板、局限的一面。在这种结构下,员工依靠业绩获取奖金,而奖金,属于企业内部的"存量"资源,因此也不可避免地导致了内部倾轧和消耗。现代社会,人员的流动是自由的。一买家治理结构的企业,除非在特定行业形成垄断,例如垄断性的国有企业,否则,优秀员工很可能对千军万马挤独木桥的竞争模式不满,进而跳出围墙、另起炉灶,开创新的企业,作为新的买家与以前工作过的企业竞争。

多买家治理结构创造了目前最佳的分配模式。企业以期权而非奖金激励员工,企业成员的目光会更长远、将注意力更多地投向"增量",因为企业股权的增值意味着个人期权的收益增加。同时,因为股权的动态变化,每个员工都有机会成为"买家"。在这样的愿景下,其主观能动性自然更强,愿意全心全意地为企业创造价值。再者,让企业内部的优秀员工,和老"买家"一起"推杯换盏",可以有效降低他们的创业冲动,免得这批能人跳出去组建新公司,从外部与公司进行竞争。总而言之,企业内部的多买家分配体系,可以让企业的目标与员工的利益更加一致,有效提高企业的竞争力,让企业发展始终走在快车道上。

不同国家因为其历史变迁的差异、文化背景的区别,会产生不同的价值观。员工加入企业之后,对公司运转是否合理的评判,也会因为基础价值观的差异出现较大的区别。比如,中日美三国的企业,就呈现出了三种企业文化价值观。这是一个颇为有趣、值得探讨的现象。

日本处于"无买家社会"的时间非常悠久,直至德川幕府于1867年倒台,日本才进入明治天皇大一统专制。日本是现代发达经济体国家里唯一的无买家社会形态延续时间最长(留存至19世纪末期)的国家。这对日本企业的价值取向产生了非同一般的影响。目前,世界上比较古老的两家家族企业都在日本(金刚组和粟津温泉酒店)。日本国民普遍认可无买家治理机制的社会大环境,是这些家族企业延续数百年甚至上千年的一个重要因素。

"无买家社会"的核心价值观,是对血统的认可,也就是对资格的认可、对既有规矩的认可。这种潜在的价值观,在当代日本社会仍然十分普遍,以至于整个日本社会看起来特别祥和,国民特别守规矩,极少出现僭越的行为。

　　具体到企业,日本企业里论资排辈的现象,至今仍然十分严重,其严重程度远远超过中美企业。早期的企业管理学研究者,会把这种现象归结为"东方文化特色"。然而,中国是东方文化的核心区域,但企业内部论资排辈的程度远低于日本。因此,可以从中判断出,这种论资排辈的现象跟东方文化应该关系不大。之所以会出现这种现象,是因为日本长期处于"无买家社会",对于以血缘为纽带的利益共同体格外重视,以至于"注重血统"几乎成了国民的固有认知,注重血统的价值观,转变成企业里对资历和上位者的天然认同。

　　而在"一买家社会"延续了近两千年的中国,企业的价值认知则呈现出另外一番景象。一买家社会的核心特征,是对能力的认可。只要能力出众,受到买家的赏识,其职位上升是没有太多血统限制。在"一买家"模式的固有体系里,"卖家"也是拥有无限可能的。

　　"王侯将相,宁有种乎?""旧巢共是衔泥燕,飞上枝头变凤凰。""指点江山,激扬文字,粪土当年万户侯。"这些话语,几乎每个中国人都念叨过,字里行间对血统的蔑视、对能力的推崇,更是激励着一代又一代年轻人。

　　不过,正如前文所说,对能力的评判非常主观,近乎取决于"买家",也就是企业的管理层。普通员工作为卖家,为了避免自己的能力被埋没,核心诉求一直是有一个能够公平展现能力的

第十二章 经营启示录：如何激发企业的内生动力

机制。首席执行官(CEO)是现代企业的一把手,也就是充当公司"买家"在内部的唯一代理人角色,经常会遇到公平性的问题。

我们可以举一个在中国企业里经常出现的问题作为例子。

一家综合日化类公司,有两个事业部:一个负责卫生用品,如香皂、消毒液、卫生纸;另一个负责彩妆用品,如口红、粉底液、定妆粉之类。CEO会通过定期设置业务目标(KPI)来判断两个部门的运营状况,再从公司的盈利中拿出一部分作为奖金,奖励达成目标的部门。

假设2020年初,CEO跟以往一样设置了部门的年度利润目标作为KPI,各部门达成目标后,超额部分的20%作为部门奖金。然而,没过多久,由于全球爆发了新型冠状病毒疫情。随着疫情的蔓延,人们越来越注意个人卫生、逐渐习惯远程办公等新型生活方式,相应地,对卫生用品的需求爆发式增加,对彩妆用品的需求则将至冰点。面对这种局面,对于彩妆部门来说,因为实际情况的变化,不管他们如何努力,都有可能完不成目标。在这种不可抗力的前提下,大家累死累活一整年,却一分奖金都拿不到,又怎么称得上公平呢？于是,在6月份半年回顾时,彩妆部门的副总裁向CEO提出了奖金方案应该公平的申诉。其核心申诉理由是:彩妆部门长期以来业绩都很突出,也是人才培养和团队建设最出色的部门,这次业绩不达标,不是团队能力不足或团队进取心不足导致,完全是外部环境之中出现了疫情所导致的,考虑到不可控因素的影响,奖金方案应该重新梳理,更多地以员工努力和能力方面的因素为参照。

CEO在听取提案后,经过慎重考虑,修改了KPI和奖金的考核标准。卫生用品部门的目标大幅度调高了,同时提成比例做了下调,模拟测算的结果是,卫生用品部门的业绩比年初的目标大幅增长,达到年初目标的2.5倍,奖金是年初的假设奖金的150%,不是那么"离谱了";彩妆部门的目标下调,奖励适当缩水,业绩目标变成年初的50%,奖金测算预估能达到年初的65%。

卫生部门的副总裁在看到新的提案后,表示理解公司根据实际情况做的调整,他们部门会继续努力工作,同时表示一定会做好部门的团队建设,持续提高团队的业务能力。彩妆部门的副总裁表示对公司的调整无条件支持,对公司能够认可彩妆部门的团队能力感到非常开心,要求自己部门加倍努力,争取在不利的市场环境下,超额完成调整后的部门指标,争取多拿奖金。

听着两位猛将的宣誓,CEO感到非常宽心。经过调整,新的业绩激励方案更加公平,更加能够驱动两个部门扬长补短,不但今年无忧,明年也可期待。这是一种典型的中国企业的做法——比起单一成就的认可,管理者更重视对人的认可。

一切尽在"买家"的掌控中。

通过这个案例可以观察到,中国企业内部更加注重能力,企业领导对人本身的认可超过对其所创造价值的认可。由此观之,尽管中国已经在逐步向现代化转型,但是这种"一买家社会"

遗留下来的思维模式依然根深蒂固。譬如中国企业中对"老同志"的认可,不单纯是日式的年龄认可,还可以看作是对经验的认可,而经验,相当于能力的一个子维度。管理者倾向于认为,老同志经验丰富,练得多、能力强。换句话说,年纪带来的资历,往往会被管理者换算成能力,进而用来评估其地位。

而在几乎只存在过"多买家社会"的美国,情况又有所不同。美国人以结果论英雄。不管一个人出身如何、能力怎样,甚至运气几何,最终的结果直接决定了他能否获得认可。上面中国企业的例子,如果发生在美国企业中,绝大部分美国企业高管能够平和地接受"倒霉的结果",振作精神、明年再来。同时受到上天眷顾的幸运者,也心安理得地享受老天的眷顾,明年继续努力,希望再被金蛋砸中。他们相信,不管过程中方发生了什么事,最初约定的规则与最终规则所导致的结果才是最重要的。因为"多买家社会",是以契约精神为内核、以个人的努力为基准的一种分配方式,每个人都可以把自己看成是企业的主人,只要达到一定的条件,就能参与分配方式,成为其中的一名"买家"。而作为"买家"的企业管理者,也会把各种意外看成是风险的一部分,是需要自己承担的,只需要等到好的年景,就有机会翻盘了。

3. 现代中国企业的演进

2012年8月25日,美的创始人何享健(美的集团控股股东)卸任美的集团董事长,担任美的控股有限公司董事长;方洪波担任美的集团的董事长。在新一届美的集团董事会成员中,何享健唯一的儿子何剑锋仅以董事身份出现。这标志着美的完成了职业经理人和企业创始人的交接,开创了中国家族企业转型、由职业经理人"接力"企业主舵手的先河。

美的集团是中国知名的家电巨头之一,源于何享健1968年一手筹办创立的"北滘街办塑料生产组织"。截至2017年,美的集团员工达13万人,拥有国内完整的空调、冰箱、洗衣机、微波炉和洗碗机产业链,以及国内完整的小家电、厨房家电产品群,旗下拥有美的、小天鹅、华凌、威灵、安得、美芝等十多个品牌。

作为创始人,何享健在美的集团内部有着极高的威望。他非常重视人才,给职业经理人的权责与报酬在业内首屈一指。在美的集团,二级集团的总裁年收入在千万级以上,事业部层面的管理岗位不低于百万级;而事业部总经理不仅拥有所负责产品的研发、采购、生产、销售等环节的全部权力,甚至还可以有几千万元的投资审批权。

1992年,加入美的集团的方洪波,对于公司的发展贡献巨大。他就任美的空调事业部国内营销公司总经理时,大胆提出"销售向营销转变,生产制造向顾客需求转变"的理念。在他的带领下,美的空调年销量增速达200%,奠定了美的在空调行业一线品牌的地位。除了方洪波,何享健采用竞争性的接班人培养模式,先后提拔了黄健、蔡其武、袁利群、黄晓明、栗建伟、李飞德等一批优秀的职业经理人。2013年美的集团上市后,他们都成了公司的董事会成员,也就是说,10位董事会成员中,除了何享健、何剑锋父子外,剩下的几乎全是职业经理人。

美的集团为转型设立了完善的激励和监督制度。集团通过整体上市和合伙人计划对职业经理人进行激励;同时,通过不断完善公司治理结构对职业经理人进行监督。

整体上市实现了职业经理人股权市场化。根据测算,在美的集团整体上市后,管理层持股比例高达11.27%,以整体上市的美的集团44.56元/股的换股价测算,价值高达84.66亿元。整体上市使管理层持有的非流通股市场化,带来了巨大的财富效应;同时,促成对职业经理人绩效考评的市场化。此外,美的还通过合伙人计划实现对职业经理人的长期激励。"美的合伙人计划"每年滚动推出,每期持股计划与公司业绩考核指标挂钩,鼓励核心管理团队长期服务、激励长期业绩达成,促进公司可持续发展。

美的上市使管理层股权实现证券化。在上市之后,美的集团实际上已经实现由实际控制人、公司的管理层、战略投资者和流通股东多方共有、四方制衡的局面。

美的集团整体上市方案提出一个月后,累计超额收益率为31.87%。这个数据表明,美的集团整体上市方案的安排得到了市场的高度认可。在实施合伙人计划、限制性股票期权激励计划、期权激励计划之后,企业保持了营业额高速增长的态势。

2016年，美的首次进入世界500强，排名483名，2020年就变成307名，提升之快令人侧目。2019年，美的全年营业收入为2 782亿元，居中国家电行业第一位。截至2020年1月31日，美的集团的专利申请总量达92 759件，其中发明专利37 852件、实用新型专利42 704件，专利授权总量67 179件，均居中国家电行业第一位。

可以说，美的集团实现了企业管理结构的完美转型。从无买家模式的家族企业，到一买家模式的职业经理人企业，再到职业经理人转换角色成为内部"买家"的多买家模式的企业，现代化的转型让企业焕发出了更强的生命力，给予企业长久、强劲的发展动能。

4. 现代视角下的企业发展

多买家治理模式下的企业，获取的发展动能最大，因此成功的概率最大。不管是国内还是国外的知名企业，都印证了这一点。

如今的中国，不仅是一个互联网大国，更是一个互联网强国。阿里巴巴、腾讯、携程、网易等名字，可谓如雷贯耳，即使小学生都知道。那么，你知道这些企业是何时创立，又是如何经营发展的吗？

腾讯公司创办于1998年11月，携程旅行网创办于1999年

第十二章 经营启示录:如何激发企业的内生动力

6月,同年3月,马云创立阿里巴巴,这一年的年底,丁磊将网易从一个软件销售公司转变成门户网站……这些基本上都是21世纪的企业,为什么能够在短短的十多年时间中,超越无数前人,成为中国人为之骄傲的企业?

如果将目光投向2000年前后,我们很容易注意到这年发生的一件大事:经过多年艰辛的谈判,2001年12月11日,中国正式加入世界贸易组织(WTO)。

世界贸易组织是一个独立于联合国的永久性国际组织,总部位于瑞士日内瓦。如果将世界比作一家商场,那么世界贸易组织就相当于商场的管理者。它为全世界的贸易活动,设立基础的组织架构和法律标准;对于各国之间的贸易协定,它是管理者、监督者;如果各国陷入贸易纠纷,它还负责进行协调、提供谈判的场所。

对于国内的互联网企业而言,这意味着两件事:首先,中国必须按照WTO的要求,通过立法、监督等方式,树立新的商业法律、商业规则,而它们可以依靠这些,完成向现代企业制度的转型;其次,中国的市场将进一步对外打开,外国的企业也将更容易进入中国,因此,它们可以更好地吸收国外资源、先进技术、管理经验和国外资本。

向现代化企业转型,就是从一买家模式向多买家模式转变。正如前面说过的,在一买家模式下,员工们争夺企业内部的存量,而在多买家模式下,员工们可以拥有股权,从企业的增量中获益。试想一下,如果你是一名刚从名校毕业、踌躇满志的年轻人,你是愿意去争夺存量,还是创造增量?或者换句话说,你是愿意加入一个大企业,还是愿意加入一个更容易获得期权的初创团队?我想,答案不言自明。

假如将多买家模式比作企业的根骨,那么先进技术、管理经验,尤其是国外资本的涌入,就像是为企业添上了强健的肌肉。在加入WTO之前,融资是个老大难问题。如今家大业大的腾讯,都有过因为融资困难而想要放弃的时候。加入WTO以后,风险投资机构(VC)、私募股权投资(PE)涌入中国,在很大程度上解决了企业融资的难题。及至2006年,新《中华人民共和国合伙企业法》通过,使得国际PE基金普遍采用的有限合伙组织形式落地中国,本土的投资机构也开始崛起。

在多买家模式下,创始团队的每一个成员都可以拿到股权,进而成为新的买家;而投资机构只问结果,市场只相信结果,这种以结果论英雄的文化,使得每个买家都绞尽脑汁发挥自己的聪明才智。有了骨骼和肌肉,企业才有可能快速发展。

实际上,所有我们耳熟能详的互联网企业,都是在多买家模式下腾飞的。截至2020年底,腾讯市值超过4.5万亿元,在全球排名第6,阿里巴巴紧随其后,排名全球第7,市值也达到了4.2万亿元。

我们可以单独说一说腾讯。《腾讯传》中提到过,腾讯能从一家小小的公司,发展为今天的互联网龙头企业,得益于七种武器:产品极简主义、用户驱动战略、内部赛马机制、试错迭代策略、生态养成模式、资本整合能力、专注创业初心。其中,内部赛马机制,就是在公司内部,依靠多买家模式调动员工的积极性。

马化腾曾在2017年财富全球论坛上与《财富》杂志执行主编亚当·拉辛斯基的对话中说:"腾讯推的是去中心化的赋能,我们不会让你来我这租柜台做生意,而是你自己建这个房子,建完以后就是你的,你的粉丝、你的客户以后就是你的了,不需要再交月租,不需要每年涨价,这就是去中心化。"

"去中心化"就是一个典型的多买家模式的运营机制,每个团队都为自身的发展负责,通过自身发展的结果而不是通过得到企业领导者的首肯而获益,这样的团队所迸发出来的潜能是惊人的。

2002年,腾讯迎来了四岁生日。这一年,QQ注册用户数突破了1亿大关,成为当时中国最成功的聊天软件。然而当时,面对着海量用户,腾讯却找不到合适的盈利模式。

一位新入职的产品经理提出,腾讯可以效仿国外的网络社区,推出虚拟商品。韩国有一个叫作sayclub的社区网站,开发了"阿凡达"功能,即用户通过充值购买道具,进而根据自己的喜好,装饰乃至更换自己的虚拟形象。统计显示,这一功能十分受年轻人欢迎。

虽然这位产品经理来自市场部,而不是负责研发新产品的部门,不过,听了他的建议之后,腾讯管理层一致同意启动项目,并且,任命他为项目负责人,抽调程序员和美工进行配合。

这一功能,就是今天我们耳熟能详的 QQ 秀。仅仅上线半年,它就有了 500 万用户,为腾讯带来 2 500 万元的营收。

QQ 秀的成功奠定了腾讯内部赛马机制的基础。此后,"谁提出,谁执行""一旦做大,独立成军"成为腾讯内部不成文的规定。腾讯在移动互联时代十分成功的产品之一——微信,即出自团队内部孵化,由张小龙率领广州微信团队研发,并依靠这个产品成就了快速发展的广州腾讯科技有限公司。如今,微信已经成为名副其实的国民软件。几乎大部分人的手机上都有,依靠它与亲友联络;再小的商店,也会挂着一张微信二维码,以便顾客用微信进行支付。

当然,"多买家机制"绝不是说说就行的。在办公室贴几条标语、在会议上给员工画几张大饼,或许能得到员工一时的效忠,但时间久了,有没有可能成为新的买家,才是影响员工积极性的决定因素。在这里,我愿意以自己的创业经历为例子,谈一谈企业多买家机制如何实现。

2005 年,笔者预计随着人们收入的增高和对旅游热情的日益增长,经济型酒店将会在未来的市场中占有一席之地。于是,笔者引入了风险投资,创办了"7 天连锁酒店"这个品牌。2009 年,7 天连锁酒店成为第一家在纽交所上市的中国酒店集团,2011 年,7 天连锁酒店的门店突破 1 000 家,会员人数达到了 3 000 万。

第十二章 经营启示录:如何激发企业的内生动力

如果以结果而论,7天连锁酒店是极其成功的。不过,如家、汉庭等酒店也都是"千店俱乐部"成员。7天连锁酒店如果不扩张,很容易被对手打败;但如果7天连锁酒店盲目扩张,随着酒店数量的增加,单家酒店的利润难免越来越微薄。在这样的情况下,笔者决定重新出山,再次创业。2013年,联合原"7天连锁酒店"股东何伯权,以及著名投资机构凯雷投资集团、红杉资本,共同创办铂涛酒店集团,并将7天连锁酒店私有化。铂涛酒店集团不是一家大的连锁酒店,而是一个酒店平台。

首先,笔者在铂涛酒店集团内部推动平台内创业。一方面,品牌先行,谁能想出好的创意,谁就可以带领一个团队;另一方面,一次性推出几个品牌,让它们一起"赛跑",接受市场的检验。

其次,充分发挥集团的平台功能。7天连锁酒店与一般的酒店不同,没有复杂的价格体系,只有会员价、非会员价两种价格。因而,回头客非常多、会员数量极其庞大。可以这么说,事实上,会员资源是7天连锁酒店最宝贵的财富。在内部赛马机制的基础上,笔者将7天连锁酒店的会员资源进行整合,开放给各个子品牌,为它们提供全力的支持。

最后,一个企业要发展,需要为每一个新的买家提供足够大的蛋糕。铂涛酒店集团实行6-2-2机制,就是说,新创业的品牌公司的股权分为三部分,集团持有60%,集团高管持有20%,最重要的创业团队持有20%的股份,且铂涛酒店集团根据业绩发放品牌公司的期权。如此一来,拥有创意、愿意持续改进的团队,可以充分享受品牌公司做大做强的好处。集团高管也会关心和推动新品牌的建设,而铂涛酒店集团本身作为最大的股东,获得这些品牌成功后的最大红利,同时也把集团的资源分享给这些新创业的品牌,支持新创业品牌。

2013年7月,铂涛酒店集团正式成立,一次推出包括丽枫酒店在内的四个中端子品牌。当时,很多人表示不理解。但如今回头再看,会发现铂涛酒店集团旗下的丽枫、喆啡、希岸三个中端品牌,都进入了"中国中端酒店十大品牌"榜单;丽枫酒店更是以1 800家店的规模,成为中国第二大中端连锁酒店品牌。

总之,如何激发内部潜能,是一门艺术。多买家分配机制下的企业,可以让企业和员工同步,一荣俱荣、一损俱损,从而大大促进员工发挥主观能动性,让他们为企业和个人发展贡献最大力量。而要想建立和维持多买家机制,就必须考虑公平性问题。只有公平合理而又能严格执行的制度,才能保障努力的团队或员工获取应有的回报,也只有这样的制度,才能使人发挥自身最大的潜能。

第十三章

人类的未来:社会发展规律的终极解码

社会的未来是什么形态?

对于未来社会的预测可能是人类最难回答的问题,同时也是人们十分感兴趣的话题之一,甚至还出现了"未来学"这样专门研究这个问题的学科。

未来学中人们的研究预测包含社会、科学、技术、经济和军事等方面。然而这个预测并不容易,由于变量太多,人类无法建立起可靠的数学模型,只能凭借过往的历史经验和总结出来的社会规律去进行推断。事实证明,这些推断往往是不准确的,因为新的事物和情形总是不断出现,成为新的影响因子。未来就像是一个巨大的"黑箱""盲盒",充满了不确定性。

在人类历史上,只出现过三种认知:无买家社会"按血统分配"的认知,一买家社会"按能力分配"的认知,以及多买家社会"按结果分配"的认知。而未来会不会出现更具合理性的分配机制和新的认知,我们难以确知。或许,我们可以审视以往三种社会的进步愿景,看看是否可以从中找到某些启示。

1. 三种社会的进步愿景

在所有的能力赎买社会模型里,"多买家社会"对人类社会的推动进步是最快速高效的。

不同发展进程的国家在壮大的过程中都有独属于他们国家的变革家,他们在各自的时代里开创了全新的社会机制,使他们所在的国家、民族和种群走上了强盛之路,如中国的商鞅和美国的华盛顿。

商鞅的变法的核心内容是通过废除爵位世袭、井田制和县制,将社会财富及其分配权全面集中在秦王手中,并颁布二十等爵制度,按军功行赏,将爵位、土地等社会财富用来奖励有战功的战士家庭。这样直接破除了当时社会按"血统"来分配社会财富的惯例,打开了秦国平民的上升通道。

在秦孝公对变法的鼎力支持之下,秦国最终打破了贵族的特权,正式开启了"一买家社会"在中国的开端。商鞅变法使得秦国民众迸发出强烈的上升意愿和强大的上升动能,秦国国力因此迅速增长,并拥有了一支在战场上"横扫六合"的无敌军团,

第十三章 人类的未来:社会发展规律的终极解码

崛起为战国七雄中综合实力最雄厚的国家。同时,秦孝公的长期掌权也使得这种分配机制深入人心,牢固树立起全体秦国国民"按能力分配"的认知基础。这些都为百年后秦王嬴政一统天下奠定了重要的基石。

商鞅变法深刻地影响了中国数千年的历史进程。秦王朝统一后,旧六国民众对于"按能力分配"的认知并不统一,新生的大一统王朝面临着一个巨大的治理难题,这也成为王朝崩溃的原因之一。其后的汉王朝在汉武帝时,继承了一买家机制,并借助"独尊儒术"为"一买家社会"建立了认知基础,并逐步形成中国大一统王朝的最终范式。

商鞅变法开了中国一买家制度的先河,也极大触动了当时贵族的利益,引发了强烈的不满。商鞅的死在一定程度上可以说是反对力量的反噬。在这个意义上,他可以称得上是一位开创新制度并为之殉道的先行者。

商鞅所留下的精神遗产,让中华文明受益两千余年。中华文明能够在两千多年的时间里延续不断,并在十多个世纪内成为世界上极为先进、繁荣的文明之一,商鞅创立的这种奖励模式起到了关键作用。

美国华盛顿离我们的时代更近,其带来的影响力也更大。以华盛顿为首的美国的先驱者们在北美大陆上创建了一个相对来说更加平等和公平的社会机制,成为第一个"多买家社会"的奠基者。

当时的北美大陆是一片"自由之地",没有旧大陆传统强权的制约。奔赴这片新大陆的清教徒们也因此建立了一个发展空间相对更加广阔自由的制度。这种制度是一个各方利益妥协和调和的结果,既有着多方监督和制衡的机制,同时也能够赋予各方"自由生长"的权利。

华盛顿和美国的其他开创者所制定的《独立宣言》,很好地体现了这种平等主义、结果导向的精神。《独立宣言》宣称:人人生而平等,人人均有生命、自由和追求幸福的权利,政府是为了保障这些权利而设。政府的权力也因此需要受到制约,从而保障社会财富分配的公平性。为此,美国的建立者们设立了三权分立的制度,最大限度地制约着政府的权力。

这些开创性的制度设计成为人类历史上第一个"多买家社会"的制度基石。在美国建立后的两个多世纪里,这种制度成为美国赖以强大的基础。没有固定的"买家",人人都可能成为"买家",以结果论英雄等模式,显现出强大的激励效能,聚拢了来自全球的顶尖人才,推动美国在短短两百多年的历史中从一个孤悬于北美的中等国家逐步发展成一个在全球具有极大影响力的超级大国。

商鞅和华盛顿都为一个强大国家或文明的建立奠定了根基。而站在全球史的高度来审视,他们所留下的更重要的遗产,是他们的制度设计。这些制度设计几乎给整个世界范围内的所有文明都打上了深深的烙印,甚至可以说塑造了全球各个文明的生态位,深刻影响了世界文明的发展进程。

"人民"的力量是极大的,谁更能激发出这个群体的最大潜能,谁就能在激烈的国际竞争中获得优势。在一个国家里,具有发展驱动力的人在社会中的占比体现了社会的发展进步程度,在"多买家社会"中最多人参与推动社会进步,从而带来更大的进步力量,使得社会所创造的财富呈现指数级上升。

2. 效率与公平:多买家社会形态下的问题

虽然"多买家社会"能充分激发人的动能,但也只是解决了部分问题。"多买家社会"的最大挑战就在于:虽然整个社会中的成员都更有驱动力,总体效率也得到提升,但公平性无法完全实现,社会的发展不能使所有人受益,且导致贫富差距不断扩大。

关于财富创造的问题,从古到今有很多哲人、经济学家进行了深度思考与分析。

马克思认为资本主义生产模式尽管生产效率非常高,但是有自身完全无法解决的问题。那就是:资方获得了远超自身消费能力的财富,而劳方获得的财富不足以消费整个产出,因此出现了有效需求不足的现象。长期的有效需求不足,必然导致这种生产模式无法继续,从而导致社会的自我毁灭和整体破产。

在 20 世纪的社会主义思潮下,西方国家整体对资本主义生产模式进行了部分改造,比如构建福利型社会,增加底层民众保障，避免他们因为不满而动摇社会发展的稳定性，或是利用透支消费拓展需求边界，缓解产能过剩问题，或是增加国家债务来平衡整个经济需求不足的问题，以及采用混合经济，让全民持有股票、分享经济成长的红利等。

但这些措施都治标不治本，虽然大大减少了贫富分化的社会危害，延缓了矛盾的爆发，但是贫富分化趋势依旧在加剧，并没有解决根本问题。

而中国正在实施的先进地区向落后地区实行"转移支付"、公平导向的国企与效率导向的私企并行等制度，就是在这方面的一种新实践。2020年中国的"脱贫攻坚"取得成果，从此中国人摆脱了绝对贫困，这是人类历史上的奇迹之一，也为我们开启了新的思路。

3. 对未来的思考：终极危机与终极进步

"多买家社会"与"无买家社会""一买家社会"最大的不同，在于鼓励社会成员追求社会总体的增量而非争夺存量。

然而，虽然"多买家社会"能激活人们的创造力，却也带来了一个新问题：一味地鼓励社会成员创造更多财富，对于增量无止境的追求，是否会超出地球有限的承载能力？

"无买家社会"与"一买家社会"其总的增量比较小，对自然界的损耗也相对较小。而"多买家社会"由于增量的迅猛增长，

第十三章 人类的未来:社会发展规律的终极解码

有可能会超越地球承载能力和资源的边界。一旦超出地球承载力,资源耗尽,再好的激励也会显得毫无意义。

人类的发展史,就是一部人类与自然资源之间的博弈史。一旦这种博弈失去平衡,后果将是毁灭性的。如果人类毁灭自然,也就必然会毁灭自己。可以说,"多买家社会"将去向何方,是一个值得所有人思考的问题。

或许,我们也可以设想另一种可能,类似超越地球承载能力的终极危机会不会促使我们实现终极的进步呢?

现在,新的"博弈"已经出现,譬如大数据与人工智能技术的发展带来了人与人工智能之间的"博弈"——人工智能在与人类最顶尖的围棋高手的对弈中,甚至取得了绝对优势。这又带来了另一个问题:随着社会的发展,人工智能是否会"参与"到社会分配机制的博弈之中来呢? 另一个博弈则是人与太空的博弈。马斯克致力于研究低成本飞出地球的项目,希望从中构建出真正可持续运作的商业模式。这可能使得人类的生存空间向太空拓展,从而解锁资源的上限,使危机得到解决。

如果终极危机得到解决,那人类下一个阶段的进步又会是什么呢? 是无止境的财富增加,还是幸福指数和生活体验达到顶峰? 是构建人类命运共同体,还是飞出地球? 是"创造"出新一代的硅基生物,还是人与机器的融合?

目前,这些都没有确定的答案。生活在当下的我们,或许能从历史中发现规律,去找到能够窥探未来的依据。

参考文献

1. (古罗马)阿庇安.罗马史(上卷)[M].谢德风译.北京:商务印书馆,1979年。

2. (美)爱伦·坡.爱伦·坡诗选[M].曹明伦译.北京:外语教学与研究出版社,2013年。

3. (日)坂野润治.未完的明治维新[M].宋晓煜译.北京:社会科学文献出版社,2018年。

4. 曹昊.城市社会艺术史拾遗[M].南京:东南大学出版社,2016年。

5. 方玉润.诗经原始(上下)[M].李先耕点校.北京:中华书局,1986年。

6. (美)艾伦·布林克利.美国史[M].陈志杰等译.北京:北京大学出版社,2019年。

7. (美)克里斯托弗·希尔顿.五月花号[M].王聪译.北京:华夏出版社,2006年。

8. 吕元礼.鱼尾狮智慧:新加坡政治与治理[M].北京:经济管理出版社,2010年。

9. (德)马克斯·韦伯.新教伦理与资本主义精神[M].于晓、陈维纲等译.北京:生活·读书·新知三联书店,1987年。

10. (美)梅特卡夫.印度简史[M].上海:上海外语教育出版社,2006年。

11. (日)三谷博.黑船来航[M].张宪生、谢跃译.北京:社会科学文献出版社,2017年。

12. (美)舍温·努兰.达·芬奇[M].谢晗曦译.北京:生活·读书·新知三联书店,2016年。

13. 睡虎地秦墓竹简整理小组.睡虎地秦墓竹简[M].北京:文物出版社,1978年。

14. 司马迁.史记[M].北京:中华书局,2006年。

15. (美)斯塔夫里阿诺斯.全球通史[M].吴象婴等译.北京:北京大学出版社,2012年。

16. 张春龙编.湖南里耶秦简[M].重庆:重庆出版社,2010年。

17. 张春阳.新加坡基层组织[M].北京:民主与建设出版社,2015年。

18. (荷)伽士特拉.荷兰东印度公司[M].倪文君译.北京:东方出版中心,2011年。

19. 商鞅.商君书[M].石磊译注.北京:中华书局,2011年。

20. 骙源主编.商周青铜器铭文选[M].北京:文物出版社,1986年。

21. 王秀梅译.诗经[M].北京:中华书局,2015年。

22. 班固.汉书[M].北京:中华书局,2007年。

23. 吴于廑主编,王敦书译.李维《罗马史》选[M].北京:商务印书馆,1962年。

24. (英)爱德华·吉本.罗马帝国衰亡史(上册)[M].黄宜思、黄雨石译.北京:商务印书馆,2002年。

25. 吴军.文明之光(第二册)[M].北京:人民邮电出版社,2014年。

26. 邓小平.邓小平文选[M].北京:人民大学出版社,1994年。

27. 蔡一鸣.近代史上荷兰崛起的经济学解释[J].石家庄铁道学院学报(社会科学版),2009年第3期。

28. 程玉敏、尤旭琳、王益宝.中外家族企业制度变迁的比较分析及对我国的借鉴意义[J].科技与管理,2003年第6期。

29. 窦化仑.晋商中的东家与掌柜关系,原来是这样![J].中外管理,2018年第10期。

30. 郭家宏.论英国对印度殖民统治体制的形成及影响[J].史学集刊,2007年第2期。

31. 胡登龙.解析英国殖民统治下印度种姓制度的变化[J].黑河学刊,2015年第9期。

32. 刘运国.家族企业传承背景下职业经理人激励机制研究——以美的集团为例[J].财会通讯,2017年第23期。

33. 隋淑英.麦克阿瑟与日本"和平宪法"的制定[J].齐鲁学刊,2008年第4期。

34. 汪家华、罗立军.论西汉儒学独尊地位形成的过程[J].中北大学学报(社会科学版),2012年第5期。

35. 张熹珂.德川时代后期武士阶层的社会流动及其启示[J].探索与争鸣,2015年第10期。

36. 朱承思.马略军事改革内容探析[J].苏州大学学报,1989年第1期。

37. 邓小平,中国新时代的形象[J].时代周刊,1979年1月1日。

38. 吴芳.日本儒学家荻生徂徕"四民"思想浅析[J].人民论坛,2011年第6期。

39. 金静.论新教对美国政治的影响[D].南京:南京航空航天大学,2016年。

40. 秦岭一白.陶侃:一个贫贱寒门的单亲少年,如何花了40年创建出东晋豪门,搜狐网,https://www.sohu.com/a/www.sohu.com/a/298910249_779333,2021年10月7日。

41. 王国平、张路延.专访《实践是检验真理的唯一标准》主要作者胡福明:这篇文章是时代的产物 是为历史转折服务的,封面新闻,https://www.thecover.cn/news/758001,2021年10月7日。

42. 王志纲.邓公的遗产(内含作者亲笔后记),新浪财经,https://finance.sina.com.cn/china/2019-01-07/doc-ihqhqcis3884564.shtml,2021年10月7日。

43. 克商之证——利簋,中国国家博物馆,http://kaogu.cn/cn/kaoguyuandi/kaogusuibi/2018/0326/61446.html,2021年10月7日。

44. 穿到欧洲中世纪碰到这些杀手,你会死的很快,百科TA说,https://baike.baidu.com/tashuo/browse/content?id=70e3fa169ed4f10e15800b49,2021年10月7日。

45. 中世纪欧洲最恐怖的"杀手",它曾杀了2 500万人口,搜狐网,https://www.sohu.com/a/www.sohu.com/a/252416753_100257089,2021年10月7日。

46. 全世界最昂贵的书《莱斯特手稿》价值4亿,一点排行,https://www.hosaudio.com/archives/32185.html,2021年10月7日。

47. 电脑破解蒙娜丽莎的微笑,新浪网,http://news.sina.com.cn/w/2005-12-19/00407740623s.shtml,2021年10月7日。

48. 大宪章,百度百科,https://baike.baidu.com/item/%E5%A4%

A7%E5%AE%AA%E7%AB%A0/1384079? fr=aladdin,2021年10月7日。

49. 你知道史上市值最高的公司吗,百家号,https://baijiahao.baidu.com/s? id=1667385012555777094&wfr=spider&for=pc,2021年10月7日。

50. 五月花号公约,百度百科,https://baike.baidu.com/item/%E4%BA%94%E6%9C%88%E8%8A%B1%E5%8F%B7%E5%85%AC%E7%BA%A6/10789207? fr=aladdin,2021年10月7日。

51. 美国独立战争,百度百科,https://baike.baidu.com/item/%E7%BE%8E%E5%9B%BD%E7%8B%AC%E7%AB%8B%E6%88%98%E4%BA%89/464120,2021年10月7日。

52. 一场中国茶叶触发的革命,洞察Live,https://www.163.com/dy/article/FCRKNJNV0511BI4N.html,2021年10月7日。

53. 太平洋战争中的双方伤亡:美军损失远少于日军,搜狐网,https://www.sohu.com/a/www.sohu.com/a/35246280_114813,2021年10月7日。

54. 古时候中状元究竟有多难,搜狐网,https://www.sohu.com/a/www.sohu.com/a/232071289_167352,2021年10月7日。

55. 科举制度,百度百科,https://baike.baidu.com/item/%E7%A7%91%E4%B8%BE%E5%88%B6%E5%BA%A6/278041,2021年10月7日。

56. 修道院、机械钟、玻璃——《剧变:英国工业革命》导读,搜狐网,https://www.sohu.com/a/www.sohu.com/a/278633577_809273,2021年10月7日。

57. 神奈川条约:历史上日本的第一个不平等条约,历史学习网,https://www.lsxuexi.com/10003/650266.html,2021年10月7日。

58.《明治维新》,百度百科,https://baike.baidu.com/item/%E6%98%8E%E6%B2%BB%E7%BB%B4%E6%96%B0/423775?fr=aladdin,2021年10月7日。

59. 世界第5! 2019年,印度GDP总量2.94万亿美元,反超英、法!中国呢?,百家号,https://baijiahao.baidu.com/s?id=1659045870589477371&wfr=spider&for=pc,2021年10月7日。

60. 你知道吗? 印度是全球增长最快的移动支付市场!,搜狐网,https://www.sohu.com/a/www.sohu.com/a/217673830_99923020,2021年10月7日。

61. 种姓制度,百度百科,https://baike.baidu.com/item/%E7%A7%8D%E5%A7%93%E5%88%B6%E5%BA%A6/424985,2021年10月7日。

62. 什么是淡马锡,雪球,https://xueqiu.com/1290113342/175281503,2021年10月7日。